これからの生き方から
働き方を見つける5つのステップ

芳賀 哲 著

セルバ出版

はじめに

本書は、会社（組織）にお勤めの方を対象にしています。

私もそうでしたが、50代になって、定年から年金受給までのことが気になりだしました。

私自身、これからどうしていったらよいのか不安でもあり、せっかくだから何かをしてみたいという気持ちもあり、とはいえどう整理していったらよいのかわかりませんでした。結局、役職定年を機に会社を離れ、自分で事業をする道を選んだのです。

この道を選んだこと自体には全く後悔していませんが、もう少し考える方法を知って準備しておけば、もっと楽だったのになあとの思いがありました。

それを書いていきたいと思います。

自分として後悔しないために、これからのことを具体的にしていく方法をお探しの方々へ、私自身の迷いや経験と、その後に学んだ理論を加えてお伝えしていきます。

不安とはやっかいなものです。最初に、不安と向き合い、正しい問題を捉えることが大切です。違う問題に取り組まないようにするためです。

これからのことを考え行動していくためには、忙しい自分の時間の使い方を変えることも必要になります。

新しい道を探していくためには、やはりキャリアの考え方が役に立ちます。
そして、外に出る、そのときの考え方も知っておくと役に立ちます。
そうなのです。今までの組織の中という環境で行動することと、どのようなものかわからない世界へと向かう行動は違います。
あれもこれも、いろいろあるというのがやっかいです。ひとつ1つ順番に考えていく方法があればよかったと思ったのはそういうことでした。
私の経験も踏まえ、5つのステップに整理しました。
ステップ1（第1章）　自分にとっての問題を発見する
ステップ2（第2章）　変えていくための、自分の時間の使い方を変える
ステップ3（第3章）　自分らしいキャリアを考える
ステップ4（第4章）　新しい発見のために外に出る
ステップ5（第7章）　1歩を踏み出す
第5章では、起業、それも「小さな1人起業」をする場合のことについてお伝えします。
第6章では、1歩を踏み出して、ワクワク人生をつかんだ人達6名をご紹介します。6名それぞれの方々が、何を思い、どう動いて、今何を思うのか、そして振り返ってみて新しい道へ踏み出すために必要なことをインタビュー形式でお聞きしました。決して楽な道ではなかったはずで、実際に新しい道へと進んだ方々の言葉にはきっと響くものがあると思います。

ステップ4の後に、本書を手にとっていただけた方が、第5章と6章をお読みいただくことで、具体的なイメージをつかんでいただき、最後の章で、あなた自身の第1歩の踏み出し方を具体的にしていただけたらと思います。

各章の最後に、行動を促すための簡単なワークもご用意しました。また、ワークシートをダウンロードできるようにもご用意しました。

ぜひ、少しずつ取り組んでいただき、新しい自分の道を探す旅に出てください。

今までの経験を活かし、やってみたいことを見つけ、ワクワク人生へと向かわれることをお祈りします。

2020年3月

芳賀　哲

これからの生き方から働き方を見つける5つのステップ　目次

第3章　自分らしいキャリアの考え方

第4章　普段の自分では関心が及ばないテーマを持ったサークル、集団に出会ってみよう

第5章　新発見した分野、好きな分野、得意なこと、専門性などを活かして起業を考えてみよう

第6章　普段の自分と違う何かに1歩を踏み出し、ワクワク人生をつかんだ人達の事例紹介

第7章 さあ、1歩を踏み出しましょう

第1章

50歳になったら自分発見のためのレッスンを始めよう

1　50歳を迎えてやってくる不安

迫る定年、遠のく年金

50歳を迎えると実感します。あと10年で定年だ、と。

様々なことが頭の中に浮かんできます。まずは、「定年後に年金を受給するまでどのように収入を得るか」でしょうか。65歳まで定年を延長した会社は少ないので、再雇用制度を導入した会社が大半かと思います。２０１４年8月29日に高年齢者雇用安定法が改正になり、5年以上経過しましたので、職場にも再雇用を選択された方がいらっしゃると思います。

さて、自分はどうするか。

高齢者の雇用に関して、さらに法改正の検討がメディアを通じて伝えられていますが、平行して年金受給に関してもさらに遠のくかもしれない、と不安はつのります。

不安がつのるものの、何をどう考えてよいのか、そんなことが頭の中で回り始めます。

定年後の３つの不安、お金、健康、そして

さて、世の中には、「定年後」や「老後」のタイトルのついた本がたくさん出回っています。「老後の不安３Ｋ」という言われ方もあります。お聞きになったこともあると思いますが、お金、健康、

孤独だそうです。

50歳の方にとってはまだ先のことですが、とは言え定年後のお金をどうするかは、自分としてのこれからの働き方をどうするかにかかわってくる問題です。

まずはお金の試算をしてみる

これからの働き方を考える上で、どの程度働くべきかのベースラインのイメージがあると役に立ちます。定年後の収入のベースとなる年金がいくらもらえるのか、そこから税金・社会保険がどの程度引かれて、実際に使えるお金がどの程度あるのか、簡単に試算できます。

私もそうでしたが、会社（組織）に勤めていると、税金や社会保険の計算は会社任せです。毎月の収入からどれだけ引かれているかは、給与明細を見ればわかるのですが、さて年金生活になったらどうなるのかわかりません。

そもそも収入レベルが下がるわけですから、きちんと使えるお金を把握しておきたいですね。そうすれば、支出のレベルを下げることと、不足分に対しての備えも考え始めるきっかけになります。

街へ出て本を１冊買ってくれば、さほど難しいこともなく理解して計算できます。ネットで検索すれば、Excelシートをダウンロードできます。ぜひ、ご自身で試算してみてください。

概算で構いませんので、ご自身の状況をつかむことをおすすめします。定年を迎えてから備えをするのは、収入も期間も限られた中では難しくなります。

相続・医療・介護等、定年後の気になることに対しての実用的な本は、巷にたくさんあふれています。不安に思うことは、ぜひ本を手にして理解を深めるのがよいと思います。

先々の働き方に関しての不安

お金に対する不安は、定年後の働き方に関する問題として存在しています。再雇用として、継続して今の会社で働くか、転職して新しい可能性に取り組むか、あるいは思い切って起業にチャレンジするか。

いや、収入のある働き方だけではありませんので、例えばボランティアでやりたいことがあるかもしれません。定年したら、もう働かないと決めていらっしゃる方もいるかもしれません。

ぜひ、定年後の収支イメージをつかむことから始めてください。

私自身、研修を通じても様々な方とお会いしています。お1人おひとりの状況や大切にしたいことが異なりますので、まさに様々です。

様々だからこそ

実は、この「様々」ということが曲者だったりするのです。様々ということは、一様に決められたものではなく、自分にとっての道を選べるわけですから、大変結構なことです。自由だ、ということです。

でも、「では、あなたのやりたいことは何ですか？」と質問されると困ってしまうことがあります。理由はいろいろあります。

長年、今の会社（この仕事）でしか働いたことがないから、他の可能性がわからない、あるいは心配だ。家庭の事情があって、収入を落とすわけにはいかないが、そんな働き方があるのかわからない、などなど。

もちろん、次のステップを明確にお考えの方もいらっしゃいます。

目先の役職定年

定年後だけではありません。会社によっては、役職定年制度があります。制度としてはないが慣行としてあるも含めると、半数程度の会社で50代半ばに管理職を次の世代へ移行しているとのことです。

すなわち、役割変化が訪れます。必然的に、自分の活かしどころとしての働き方を考えざるを得なくなります。

50代、自分が会社に入ったときと状況が変化しているとはいうものの、一本道と思っていた会社生活が変わってしまい、新しいステージに自分の道あるいは居場所を見つけなければならなくなっています。そして、それは自分で考えて見つけるものだ、と会社からも言われています。

今さら自分で考えろと言われても、なんて不満も聞こえてきます。

2　私の場合

50歳を迎えたとき

私の話をします。

それまで漠然としか捉えていなかった年金が気になりだしました。年金支給が65歳に引き上げられたのは、1985年の法改正（ただし、このときは男性のみ。65歳までは特別支給の老齢厚生年金あり）。その後、特別支給の定額部分がなくなり、報酬比例部分も順次なくなるらしいが、自分の場合はどうなのだ。正直、それすらきちんと把握していませんでした（2000年の法改正で、男女とも65歳までの特別支給はなくなりました）。

まだ、再雇用などの法改正前でしたので、60歳定年から年金受給開始までの空白があることだけは認識しました。しかし、現実感が乏しいのですね。先輩達を見れば、定年してすぐ年金受給なので参考になりません。

明日からは仕事をしなくてもよい、自由だ、なんてニコニコしている事例は、自分にとっての参考にはなりませんでした。

参考事例が見つからず、かといって世の中の仕組みが整備されているわけでもなく、さてどうしたものか、で思考停止していました。すぐに忙しい仕事へと戻ってしまいました。

50代後半が近づいたとき

50代後半が近づいたときに、さすがにこのままではまずいと思いました。冷静に考えて、何がどのようにまずいのか、ではなくて、漠然とした不安でしかなかったのですが、焦る気持ちも出てきました。それまでも、時々考えてみようという気にはなっていたのですが、先送りにしてきました。しかし、さすがにまずいのではないか、という気分が高まってきたのです。

不安というのは、経験のない（少ない）ことで、よくわからないことから起こるものです。

というわけで、まずは「知る」こと。どうするかを考える前に、知って、できれば体感する。そう決めました。とは言え、日々仕事に追われていて多忙を極めているわけです。ですから、具体的な行動として、簡単で自分で時間をコントロールできるものにしました。

そして始めたこと

１つ目は、新しいことをやってみるということもあって、当時流行り始めていたTwitterです。これなら匿名ですし、わざわざ出かけて行かなくとも、いろいろな人とつながる可能性があると思ったからです。２０１1年の1月のことでした。

２つ目は、本を読むことです。ネットから、というのもありましたが、やはり1冊にまとまっているという点で、幅を広げて「知る」には一番よい方法だと思いました。

２０１１年に１００冊の本を読むことに決めました。それまで、年に10冊も読んでいなかった私にしてみれば、相当高い目標設定ですね。

しかし、もともと本を読むことは好きだったわけで、仕事が忙しいということで遠ざかっていたのですから、今から思うと自分のための時間を少し取り戻したいということだったのかもしれません。Twitterにしても、日々の仕事だけという状況から、少し離れたい（逃避したい）ということもあったのかもしれません。

訪れた3・11

ところが、です。その行動を起こした2011年に東日本大震災が発生したのです。Twitterは、役に立ちました。他の手段に比べて圧倒的に情報が得られたのです。それはさておき、100冊の本を読むという目標に危機が訪れました。

と思ったら、そうではなかったのです。

大きな災害が人の考え方を変えると言いますが、私にとっても、仕事だけの会社人生でいいのかという思いを一層強くしました。そういう気持ちになると、できるものですね。決して無理をしたわけではありませんが、その2011年に100冊読破を達成しました。

ついでに言いますと、2011年には、タイの洪水による工場水没という業界にとっての一大事も起きて、私もほぼ自宅にいない数か月を過ごし、今までの人生の中で最も忙しい時期でした。

それでも、これからの生き方を変えるために、自分のための時間を確保するという気持ちさえあればできるものだと思いました。

もう1つ、いつの間にか私の中で優先順位に変化が起こっていました。もともとの不安は、将来の収入に対するものでした。つまり、お金。しかし、それよりも大切に考えなければならないことは、そのときに何をしている自分があるのか、ということでした。自分の居場所があるのか、と言えるかもしれません。

そしてやってきた役職定年

続きがあります。２０１２年の夏前に、勤めていた会社で２０１３年度から役職定年制度を導入するという通知が届いたのです。突然でした。すでに私は対象年齢に達していましたので、制度導入とともに役職を離れることが確定です。

周りはざわつきましたが、私にとってはこれを節目にする決心がつきました。

まだ、何も考えていなかったのですが、それでも前年に取った「知る」という行動のおかげで、日常の所属している会社（職場）しか知らなかったワタシから少し変化していたからです。新しいワタシを見つける気持ちが湧きました。

あっさりと早期退職

もう少し考えてからのほうがよかったな、と少し後悔するところはありましたが、新しい道を歩き始めるならば早いほうがよいと、しっかりとした計画もないままに、「とりあえず」退社してしまいました。

それがよかったのかどうか、わかりません。

ただ、本書をお読みいただいている皆さんには、新しい道を始めるための考え方がありますので、私の経験も踏まえてお伝えしたいと思います。ぜひご活用いただけますと幸いです。

3　不安の正体

不安を理解する

私が、どのように会社を離れるに至ったかをお伝えしました。先ほど、不安は知らないから、あるいは経験が少ないから、と書きました。

辞書を引いてみましょう。現実に恐れる対象がはっきりしているものを恐怖と言い、不安は対象がはっきりしていないもの、未来に対しての漠然としたもの、というようなことが書いてあります。

50代になって感じる将来に対する不安は、ですから今まで経験したことがないことに対して、きっと何か恐ろしいことが起こるかもしれないが、それに対する方法がわからない、それが心配だ、と言えるかもしれません。

そんな不安を抱えたまま仕事を続けるのは、本来お持ちの能力を発揮しきれないままになっているかもしれません。仕事に限らず、口々あなたの脳のエネルギーのいくらかを不安に対して浪費しながら過ごしているかもしれません。もったいないことです。

アドラー心理学の不安と不満

さて、心理学者のアルフレッド・アドラー（１９３７年没）は、不安について次のように述べています。

「人は、今の状態から変わりたいと思ったときに、『変わることへの不安』と、『変わらないことでつきまとう現状への不満』を比べて、後者を選んでいる」と。

厳しい言い方ですね。現状に不満はあっても、変わらないままでいるほうが楽で安心だと言われると反論したくなります。でも、だからこそ変わるためには「勇気」が必要なのだと、私自身の経験でも感じますし、アドラー心理学は勇気の心理学とも言われています。

不安を選ぶ勇気、これは50代の人生経験豊かな方々に、心構えとしてぜひ覚えておいて欲しい言葉です。

不安は減らすことができる

とは言え、勇気を持って不安に立ち向かうのであれば、不安を減らすことができたほうがいいですね。そう思えたら気も休まります。

減らす方法があります。

まずは、不安と向き合う気持ちを持っていただき、不安を減らしていく方法からご説明していきたいと思います。

4　正しい問題を発見する

まずは、問題の意味を知る

まずは、「問題」とは何か、です。問題とは、あるべき姿と現状との差である、と辞書に書いてありました。目標と現状との差、ともあります。

私は、ここで大切なことに気づきました。そうか、組織の中でありがちな、問題の捉え方の違いの原因の1つに、「あるべき姿」が共有（同じものとして共通理解ができている状態）されていないことがある、と。

よくありますね。

「私は、これが問題だと思います」。

「何を言っている、問題はこっちだ」。

と、話が噛み合わない。

ついでに言いますと、あるべき姿が共有されている場合でも、立場が異なると問題は違います。

でも、それは立場ごとの問題ですから、正しい状態です。

話を戻します。あなたが対象とする問題は、あなたのあるべき姿によって変わるということです。

では、あなたにとってのあるべき姿とは、何でしょうか。

ありたい姿を考える

「ありたい姿」に言葉を変えます。あるべき姿だと、こうあらねばならぬ、とか、誰かに指示されたような気分になります。自分自身のことですから、夢を持って「ありたい姿」という言葉にしましょう。

さて、あなたのありたい姿は何ですか、と問われて、いやそれがはっきりしないのが問題なのだ、となると、堂々巡りのような気分になりますね。

慌てずに、１つひとつやっていきましょう。

問題を解決していくためには、正しい問題を見つける必要があります。問題の捉え方を間違ったまま取り組んでいると、貴重なあなたの時間を浪費しかねません。

そのためには、あなたのありたい姿を見つけることなのです。

もし、現時点でそれがはっきりしていないのであれば、今のありたい姿が「将来の自分のありたい姿がはっきりしている」となりますので、まずはその差を埋める必要があるということがわかります。

5　なぜ自分新発見なのか

ありたい姿を見つけるために

最初に取り組むことは、自分のありたい姿を見つけることですが、もう少し考えてみましょう。ありたい姿を見つける、というと「何をするか」に意識が行きがちです。まあ、焦らないでください。その前に考えるのは、「どういう状態でありたいか」なのです。どういう状態でありたいかが目的で、何をするかは手段とお考えください。

例えば、海が見えるところで通勤電車に乗ることもなく仕事ができている状態。家族と共に過ごす時間も取れて仕事ができている状態などです。そのために何をするか、これが手段です。

ご自身のために、ワクワクとする状態を見つけましょう。

それから、そのために活かせる自分の強み、制約条件などを並べてみて、何ができそうか考えるという流れです。いきなり手段としての何をするかに飛びついてしまうと、選択肢が狭くなってしまったり、外してしまったりします。

ワクワク60代のために

そのときに大切なことは、少し長期視点で考えてみることです。人生のステージに分けて、やらなければならないこと、やりたいことを考えて、ステップを踏んで考えてみます。どういう段階を経て、自分を磨き、やるべきこともやって、どこへ向かうのか、自分にとってのありたい方向を軸として考えましょう。

60代のときに何をしているのか、なってみないとわかりません。軸を決めるのです。それは、選択基準となります。こちらをすべきか、あちらをすべきか、選択するための自分の基準です。そして、それは、何のためにという目的につながっていて、それが自分にとってのありたい姿なのです。

将来への漠然とした不安を減らすためには、節目ごとにステージを区切って、ひとつ1つ具体化していくことが大切です。

不安は、よくわからないことに対する漠然とした気持ちです。「わかる」は、「分ける」からきています。ぼんやりとした大きいものを、分けて整理することで、わかるに至ります。すると、不安が減った状態になります。

鎧を脱いで自分を見つめる

自分にとっての選択基準を持つ、それは自分自身が大切にすること、価値観をはっきりさせることになります。何を大切にしたいのか、そこが揺れると選択基準がブレます。

ここで大切なことは、いつもの仕事に追われているモードを解除して確かめてみるということです。古い言い回しになりますが、鎧を脱いで感じる気持ちを確かめましょう。

そのために、どうするか。具体的な方法は、第2章からお伝えします。

6　50歳からの転換の秘訣

外的キャリアから内的キャリアへ

キャリア論として大切な意識転換の考え方があります。

外的キャリアとは、職位や年収、職種など外から見えるキャリアのことです。有名な会社で働くというのも、そうですね。一方の内的キャリアは、その人の働きがいや生きがいといった本人の価値観に基づくものです。もちろん、1人ひとりにとってその両方が混在しているものだと思います。これからの仕事のあり方を考えるときに、どちらを大切にしますか、と考えてみましょう。

50代になって、いずれ会社（組織）を離れるときが来ます。

外的キャリアに縛られた考え方をしていると、そこで終わってしまう可能性があります。しかし、内的キャリアで考えていれば、ますます自分が貢献したいことに進んでいける可能性があります。

役職定年でも言えること

役職定年で、職位が失われてしまうと、まるで自分の存在価値がなくなる、あるいは拠り所が失われるような気分になることがあります。これは、外的キャリアに縛られている証拠です。自分の意識を内的キャリアに転換するチャンスです。そこを節目として、自分の働きがいや生きがいを改めて考える機会と捉えましょう。

私は、ここで退社してしまったのですが、何も急いで退社することもありません。自分を見直す機会を得られたと捉え、意識を切り替え、自分の貢献しどころを見つけましょう。しかも、会社からは給料をいただきながら自分の拠り所に転換できるのです。

50代の在職中にしておきたいこと

役職定年に限ったことではありません。50代ともなるとベテランです。物事の捉え方や進め方に関して、経験を活かした発言ができます。変化の激しい業界では、専門性が古いものになっているかもしれませんが、方法論が変化するものの基本は変わっていないこともあります。

しかし、組織に対しての貢献、お客様への貢献の仕方に関して、組織の一員としての立ち位置を考えて見直すことも大切です。もし、外的キャリアに囚われていると感じたら、内的キャリアへの転換を考えてみましょう。

自分にとっての内的キャリアを考えることは、自分にとっての働きがいや生きがいを再度見つめ直すことになります。何のために働くのか、目的として考え、60代も見据えて、ありたい姿を考えてみましょう。

ぜひ、後輩から見てカッコいい先輩になってください。

7 行動するための課題を設定する

課題の意味も確認しましょう

また、辞書を引いてみましょう。課題とは、解決すると決めたもの、と書いてあります　問題は、ありたい姿と現状との差、でした。ですから、問題はたくさんあるものです。その中には、自分では何ともならないことも、自分で解決できるものもありますね。

例えば、時代背景は、この時代に生きている限りどうにもならないことです。今の上司が、といっても通常はどうにもならないことです（もう1段上の上司にお願いするという強硬手段もありますが）。

自分ではどうしようもないことに悩んでいても、消耗するだけです。自分で取り組めるコトについて考えましょう。

ここでも、まだ分けることができますね。そうです、わかるためには、分けましょう。まず取り組んだほうがよいものと、後で取り組むことでよいものにです。

さらに、こんなこともあります。大きい問題は、小さく分解していきましょう。全部を分解する必要はなく、まずこの問題という具合に大きい問題の一部を切り出して具体化しましょう。慌てずに、近い目標から設定しましょう。

問題を分類して、その中から、まず取り組んで解決すると決めたもの、それが「課題」です。仕事で言えば、今年度の課題設定と言えば、今年度に解決すると決めたことになります。

自分のありたい姿を見つけていくことに関して言えば、まずは近い目標を設定するのがコツです。例えば、今月取り組む課題という具合にです。

ここは大切なところなので繰り返しますが、課題とは解決すると決めたことです。自分に対しての約束です。ですから、必ず実施するものとして、決意してください。与えられた課題は、できませんでしたで済むこともありますが、自分が決めた課題は必ず実行してください。

そのためのポイントは、小さく、具体的に、実現可能なことを、期限を決めて設定することです。課題を、近い目標として具体的に設定することが成功の秘訣です。

例えば、「次の土曜日に、ありたい姿を5個ノートに書き出してみる」というものです。「今年中にありたい姿を決める」としてしまうと、できない可能性があります。実現可能なように、小さくステップを刻んで設定しましょう。

「次の土曜日に、次の自分のあり方を考えていくためのノートを買う」というのもよい課題設定です。

多くの人は、このように説明しても、大きな課題を設定しがちです。そして、たいがいやらずに終わります。その意識が働いたとしたら、それを改めることです。

8　ワーク：最初の課題を設定する

ワークの進め方

ここまでのことを整理してみましょう。

本書では、章ごとに現時点でのご自身の考えをメモしておけるように、簡単なワークをご用意しています。少しずつ積み上げていくことで、徐々に手応えを感じていくものですから、「今」書いてみることが大切です。

ワークシートをダウンロードもできます

ホームページにワークシートをダウンロードしていただけるようにご用意しました。第7章8項のダウンロード方法をご覧ください。

ダウンロードしたシートに書き進めるもよし、とりあえず本書にメモ書きして後で整理してみるもよし。あるいは、ノートに書くのもいいですね。

ここで書くこと

1週間以内に取り組むことを、最初の課題として設定しましょう。

第2章　普段の自分の1日の時間の使い方、生活パターンに変化をつけてみよう

1　新しい道を見つけるために

そのための時間が必要

これからの新しい自分の道を見つけるためには、そのための時間が必要ですね。昨日までとは違う自分の時間の使い方に変える必要があります。

ここで2つの問題が発生しがちです。1つは、忙しい、つまり新しいことをするための時間がない。もう1つは、新しいことをしようと思うが、なかなか始められない、続かない。

ですから、自分時間のマネジメント、タイム・マネジメントのやり方が参考になります。そのタイム・マネジメントですが、忙しいことを前提にするならば、優先順位のつけ方が重要になります。何かを始めるためには、何かをやめる必要があるからです。

重要度と緊急度

スティーブン・R・コヴィー博士の著書「7つの習慣」の中に、時間の使い方として、重要度と緊急度で4つの領域に分けて、自分がどの時間を使っているかを確認するというのがあります。シンプルですが、自分の時間をマネジメントする上で意識したい1つです。

重要度が高く、緊急度も高い領域（①）は、当然のごとく取り組みます。締切りが確定している仕事はここですね。

重要度が高いけれども緊急度が低い領域（②）は、後回しになりがちです。結局、取り組まないままになることは、皆さんも思い当たるところがあると思います。

さて、忙しく時間が取れないと思っているときに、自分の時間が①ばかりで、②が取れないのでしょうか。

緊急度が高いけれども重要度が低い領域（③）は、錯覚の領域と名前がついています。他の人から依頼を受けて、あるいは相談を受けてしまうと、対応しないといけないと思います。さて、それはあなたにとって重要度の高いものでしょうか。つまり、時間が取れていない②よりも優先順位が高いのでしょうか。ということです。

私自身、振り返ってみると、断れない性格もあって、対応してしまうのですよね。断れない。でも、ここは優先順位を考えて、断る勇気を持ちましょう。そして、②の時間を確保しましょう。

次に、重要度も緊急度も低い領域（④）です。無駄の領域と名前がついています。忙しいのに、そんなことをするはずがないと思いますか。私は、ここを逃避の領域と名前をつけています。忙しいのに気分が乗らず、気がついたらネットで記事を読んでいたとか…。

私もあります。でも、そのときには、今は気分が乗らないとして、時間を決めて休憩するようにしています。「いつの間にか」とか、「気がついたら1時間経っていた」とかのないように、意識して時間を区切ります。

④に関して言えば、こういうこともあります。①の領域が立て込み、あるいは苦手な仕事の場合に④に逃避することがあります。①は、当然のごとく取り組むと書きましたが、取り組むとは限らないということにも注意が必要ですね。休息も必要です。

諦めるとは

諦めるという言葉は、元来「明らかにして、定める」という意味だったそうです。

例えば、優先順位を明らかにして、やることと、やめることを定めると言えますね。ですから、未来に対してのぼんやりとした不安のままですと、定めることができません。

優先順位をつける

さて、何をやめましょうか。そうでなくても忙しいと、やりたいこと、あるいはやらなければならないと思っているけれどもその時間がない、と思っています。さらにその上、これからの自分の新しい道のために時間を取れるのか、という気分になってしまうこともあります。

何をやりたいか、その前にすることは、何をやめるかを決めることですね。それは優先順位を決めることになります。

ここで問題になるのは、何を基準に優先順位を決めるのかということです。仕事の上でも優先順位の決め方、つまり何を基準に決めるのかというのはあいまいなこともあります。それが自分のこととなると、仕事の上での優先順位、家族との関係での優先順位、そして自分がやりたいこととしての優先順位など、様々な「役割」に応じて優先順位の基準があることがわかります。

しかし、自分の時間は、1日24時間と決まっています。ですから、役割ごとの自分時間の配分をどのようにするかということを決めておくことが大切です。

もちろん、状況に応じて、例えば、今月は仕事が忙しいから仕事への割当時間を多くする（他を犠牲にする）。しかし、年間を通しては、仕事と家族と自分だけの時間の配分を、できるだけ調整するという意識から始めましょう。

役割を人生のステージで考える

人生のステージを考えてみると、仕事、家族、自分の時間配分が変化していくことがわかります。例えば、10年刻みで、時間配分の変化を描いてみてください。もちろん、ご自分にとっての節目がありますので、目盛は10年刻みで、節目ごとにステージを分けてみると、これからの50代、60代でどのように自分時間を配分してみようかと考えることができます。

そのイメージができ始めると、ステージごとに何を基準に決めたほうがよいかわかってきます。

動き出すための工夫

もう1つの「なかなか始められない」「続かない」のほうは、動機づけの要素と習慣化の要素があります。

動機づけのほうは、新しい道へ進みたい気持ちがあれば、それが自分を動かす動機ですから問題ありませんね。でも、まだ「何となくの不安」で、ありたい姿がはっきりしていないうちは、動機づけまで至りません。

この場合は、たいがいそうなのですが、目標設定の工夫で解決します。目標を、タスクと言ったほうがよいかもしれませんが、小さく設定します。そして、実行することを習慣化していきます。

2　最初に身につける習慣

1日の始まりは自分のための5分から

まずは、自分の新しい道のために「1日5分」を確保しましょう。この小さな1歩の設定がとても大切なのです。ぜひ、きょうから始めて、習慣化してください。脳は、単純です。これならできる、と思えばやります。5分ならば、忙しいという理由は使えません。

この5分で、何をするのかですが、

・きょう、自分のために使える時間があるのかを確認し、あれば確保する。

・すでに書き出したタスクのうち、その時間で何をすべきかを決める（タスクの書出しは、最初に確保された時間の中で取り組みます）。

・書き出してあるタスクを眺めて、優先順位を確認し、見直す。

などです。

つまり、この5分は、自分のための時間を確保し、やることを決めるための時間です。こうすることで、タイム・マネジメントが動き出します。

確保できた時間ですること

毎日の5分で、自分のための時間確保と、そこで何をするかを決めて、その時間に実行するわけですが、そこで何をするのか、少しイメージをつかんでみましょう。

ざっと項目を上げてみますと、次のようなものがあります。

・ありたい姿を考える
・人生のステージを分けて、役割の変化と自分時間の配分を考える
・ありたい姿に向かってのやることリストを作成する
・やることリストの中から実際に取り組む

具体的なやり方は、第3章で順を追ってご説明します。

まずは習慣化することを優先する

習慣化する上で大切なポイントがあります。

内容よりも、習慣化すること。この場合は、「毎日、5分の時間を使って考える」ことが実際に毎日できることを優先します。

まず、スケジュール帳を開く、これを起点にします。

とにかく、毎日スケジュール帳を開く。そして、自分のための時間が取れるように考えます。さらに、自分の新しい道のためのノートがあると便利です。

スケジュール帳で「時間」を、ノートで「すること」を考えます。

スケジュール帳を開くことを「起点」とすると書きました。習慣化する上で、この起点（トリガー）を決めておくことがポイントです。そして、きょうは予定で一杯だという日が続いても、まずスケジュール帳を開いて、時間が取れないか眺めてみましょう。とにかく、1日5分、これを続けます。

忙しい状況が続いているとしても、眺めているうちに工夫できるところが見つかるかもしれません。そう意識することで、あるとき、ああこの時間を改善できると気がつきます。

自分のための時間を予約する

スケジュール帳を見て、ああ予定が一杯だということはあります。そのときは、来月の週末だったら時間が取れるかもしれない、と見つけましょう。1年先まで予定で一杯であることはありません。

そうしているうちに、自分のための時間は先に予定に入れるというように行動が変化します。自分のための時間を先にスケジュール帳に書いてしまうわけですから、毎日自分の時間が取れないという状況が改善されます。

他人から自分の時間を取られるという状況から、自分の時間を先に確保する状況に変えていく、これがタイム・マネジメントとして大切なことで、自分でコントロールする範囲を広げることです。

もちろん、先に自分のための時間を確保していたとしても、そのときの優先順位に応じて自分の時間を別のことに使うこともできます。それも、自分の判断です。

3　意識が変わると見えるものが変わる

人は見たいものしか見ない

２０００年以上前のローマで、ユリウス・カエサル（ジュリアス・シーザー）は、「人は見たいものしか見ない」という名言を残しました。

関心のあるものしか見えないと言ってもよいでしょう。実際、脳科学の研究によれば、脳はそのようにできているそうです。例えば、目に入ってきた情報をすべて脳に送ってしまうと処理能力を超えてパンクしてしまうので、処理する情報を制限して（選んで）いるそうです。ですから、人は「見逃す」わけですし、だから「思い込む」わけです。

ここは大切なところで、自分の新しい道を見つけるためには、どこに関心を持つか、その意識を変える必要がある、ということです。

意識が変われば、今まで見えていなかったものが見える

車の運転をされる方は、危険予知を習ったはずです。見えていると思っても、実は見えていない。だから事故を起こす。それを防ぐために、どのあたりが危険そうかを「意識」することで、「発見」できるわけです。

例えば、まだ自分のありたい姿がよくわからないとします。今の会社生活以外に何があるのかなと意識すると、目や耳に入ってきます。普段見逃していた新聞記事、電車の中の広告、あるいは居酒屋で耳に入ってくる会話など、意識したことに関する情報が脳に伝達されるようになるのです。

不思議ですね。

4 見えるものが変わると行動が変わる

見えると具体化が進む

不安は、わからない、そんな漠然としたことから湧いてくる気持ちでした。わかってくると、具体的になってきます。「漠然と」から「具体的」に変化します。意識すると、不思議と目につくものが変わってきます。目につくと、行動につながります。

例えば、50代から考えるべきお金の話、なんていうタイトルの本やセミナーが目についたとします。その本を買ってみよう（立読みして確認しよう）、とか、セミナーに参加してみようとか、行動に移る可能性があります。

そのときに行動に出なかったとしても、何度か目にするうちに、心が動かされて行動に移るときがくる可能性があります。

目についたら即行動

例えば、お薦めの本があったらすぐネットで注文する人もいます。後で調べてみようとすると、忘れてしまうか、他のことに気を取られて、結局、読む機会を失うことがわかっているから、そういう行動に出るのですね。

私も、例えば、新聞で本の宣伝や紹介記事があると、すぐには買いませんが、メモして本リストを作成しています。そして、リストを眺めて、読みたい順に手に入れるようにしています。ネットで図書館に予約を入れることだってできます。

新しい行動をするためには、「即行動」はよい方法です。

まずは簡単に「即メモ」

私の場合は、単純に「その場で、すぐにメモを取る」を習慣化しています。

考えずに、即行動することをルールとして決めておけば、いちいち考える必要がありません。〝即メモ〟を実行するためには、常にメモ帳とペンを持っている状態をつくる必要があります。私の場合は、しっかりとした厚紙の台紙があるA7サイズのリング式メモ帳とボールペンを常にポケットに入れています。

実は、私もデジタルかアナログかで、ずいぶんと試行錯誤してきました。スマートフォンが出る前は、電子手帳（PDA）でメモをとってみたり、もちろんスマートフォンでメモしてみたり、やっぱり紙のメモ帳にしてみたりと繰り返していました。

今は、紙のメモ帳ですが、ご自身のやりやすい方法で習慣化してみてください。

目についたら即行動。その場でメモ帳に書くとルール化すれば、あれこれ考える必要がありません。時間がないということもなくなります。

メモしておいて、朝の5分で考えて、やることリストに入れておけばよいのです。あとは優先順位を判断して、やるべきこと、すぐやれることを1つひとつ行動に移せばよいのです。

5　行動が変わると世界が変わる

行動するから経験を積んでいける

行動するからわかることがあり、それを積み重ねていくことで、見えてきます。

もちろん、行動して成功することもあれば、失敗もあり、どちらも貴重な体験となります。うまくいくことだけではなく、失敗や期待外れもありますね。でも、それを積み重ねていくことで、失敗を減らすための感覚が身についてきます。

行動することで体験を積み重ね、より具体的に知ることになります。

経験を積むことで増える知識

知識を蓄えてから行動するよりも、行動することで得られる知識、行動するために必要な知識がわかってきます。行動してみることの重要性は、実際にやってみることで実感します。

準備ができないと、新しい行動はまだ早いと思いがちです。そうではなくて、わからないから、実際の知識を増やすために行動をすることが大切です。

ですから、まず何から行動するのか、その設定がポイントになります。

行動することで広がる人脈

今までと違う行動を取ることで、今までと違う人と出会います。いつもの会社だけでの行動ですと、違う人と出会う可能性は低いままです。

今までとは違う新しい道を見つけるために今までと違う人と会うことは、新しい発見につながります。そして、何よりも、新しい世界には、人との出会いが必須です。人を通じてこそ、新しいドアが開かれます。

しかし、出会った人がそうだという保証はありません。後になってお世話になることもあるかもしれません。すぐに何かを求めるのではなく、ご縁を大切にしたいものです。

想定外のことも起こります

時に、思いもかけなかったお誘いを受けることもあります。あるいはアドバイスを受けることもあります。想定していないこととして、お断りをしたり、受け止めなかったりすることもありますが、自分が想定していなかった、つまり見えていなかったものかもしれません。ちょっとやってみることも大切なことだと思います。

自分のことを、自分では見えていない、あるいは大したことはないと思っていることが、他の人から見ると活かせるものと見えることだってあるのです。

行動することで見える風景

そして、行動していくことで、昨年とは違う風景が見えてきます。そうすれば、また次に向かう道が見えてきます。1つ峠を登ったところで眺めてみると、次の開けた場所や、次の山が見えてくるのと同じです。

そして、そのときに、ここまで来たと実感し、次に向かって歩き出す元気が出てきます。達成感を味わいながら歩いていく、それが自分のありたい姿を探す旅だとしても、その過程こそが意味のあることだと思います。

6　新しい行動のために小さく分解する

最初の行動を小さいものにする

自分のありたい姿を探す旅にしろ、見つけたありたい姿を実現していくにしても、行動を始めるためには、小さな1歩を設定することがポイントです。新しいことを成功させる方法として、スモールステップといいます。

よい目標は、具体的で、実現可能で、計測可能であることと言われます。ありたい姿は、夢として、いつかこうなりたいというものですが、具体化していくためには、近くの目標設定が大切です。遠い目標ですと、まあそのうちにとまではいかなくとも、これが終わってからと考えがちです。いつもの日常には、いつものやることがたくさんありますから。それが片づいて、落ち着いてきたらなんて考えがちですが、そんなときは多分やってきません。

マイルストーンを設けるつもりで

簡単にできることを近くの目標として設定しましょう。遠いところへ行くときには、１マイルごとのマイルストーン、日本でいえば一里塚を意識します。旅に出るときに、行き先が定まらないとしても、まずは次のマイルストーンまで歩いてみよう。歩いてみれば、最初のマイルストーンまで来たと実感します。そうすれば、次のマイルストーンまで、また歩いて見ようと思うものです。

大きな目標を設定しがちです

ところが、よくありがちなのは、大き過ぎて、取り組むための具体性が乏しく、実現可能性がわからない目標を設定することです。

仮に、キャリアカウンセラーの資格を取るという目標を設定します。そのために今週何をするかを決めます。

例えば、キャリアカウンセラーの資格を取るためにはどうしたらよいのか、まずはネットで調べてみるでしょうか。キャリアカウンセラーの資格の本を買ってくるでもいいですね。

そのように、最初の1歩を決めます。

キャリアカウンセラーの資格を取得するまでの全行程を立案して、すべてのマイルストーンを明確にして、それから最初のマイルストーンに出かけるという最終目標を決めて、段取りを立てて行動に出るという方法もありますが、そうするためには、計画立案段階でだいぶ時間が必要になってしまいます。

そう脳が考えてしまうから、計画立案を先延ばしにしてしまうことも多いのです。

小さくても始まると嬉しい

もう1つ、小さくとも設定した最初のことができると、嬉しいものです。それが積み重なっていくことで、動き出したと実感します。

ところが、大き過ぎて、あるいは取りかかるための具体性に乏しいと、その1歩が出ません。すると、「やっぱり自分はだめだ」とか、「だから自分にはできない」という気持ちが湧いてきてしまいます。

何のことはない、自分で自分にブレーキをかけてしまうのです。

7　踏み出す力、やり抜く力

踏み出すための動機と小さな目標

1歩を踏み出すためには、動こうとする動機と、小さな目標を設定することがポイントだとお伝えしました。

繰返しになりますが、まだ自分にとってのありたい姿が見つからない場合でも、見つける旅に出ることはできます。

そのときのゴールは、ありたい姿が見つかったということになりますが、旅にたとえると、それはどこにあるのか旅立つ前にはわかりませんし、しばらく旅を続けてもわからないこともあります。

進め方は、第3章でお伝えしますので、まずは見つけるための旅に出る、そのための最初のマイルストーンを決めることが大切であることを心にとめてください。

やり抜く力も必要です

とにかく、動機を見つけて自分の心を動かすこと、最初の1歩を踏み出すこと、そして、やり抜くことが肝心です。

自分のありたい姿を見つける旅に例えれば、その旅を続けて、きっと途中いろいろあることでしょう、そしてついに見つける。

では、やり抜くためには何が必要でしょうか。それも、旅を続けているだけではありません。今の仕事を続けながらです。

「やり抜く力　GRIT」という本がベストセラーになりました。その中に、「目的を見出す」というのがあります。その目的は、「人の役に立つものであることが大切だ」とありました。人の役に立つためにという動機は、困難に対しても強いということですね。

もう1つご紹介したいのは、「希望が背中を押す」です。

そこに、「固定思考と成長思考」というのがあり、成長思考は、失敗したりできなかったとしても、次はできるようになると成長する力があることを信じて楽観的に捉えるというものでした。

なるほど、大切な考え方です。

早合点ということもある

まずは行動と思って実行したものの、よく考えてみたら違っていたということもありますね。自分のありたい姿を探している旅の場合には、起こり得そうなことです。

GRITの中に出てきた「目的を見出す」ということで考えてみれば、目的と手段で考えてみるのがよいと思います。自分は、こんなことで社会に、具体的にはこのような人たちに貢献したいというのが目的だとすると、それをどんな手段で実施するかということになります。

目的が定まっていれば、早合点して手段が合わないものだとしても、それを知ったことになりますので、別の手段を探すことができます。

目的が定まらないと、迷ってしまい苦しいときも訪れますね。

8　チェックの習慣をつける

もう1つ身につけたい習慣

自分の時間を確保するために、朝の5分を自分の時間として使うことを習慣化することで、やることリストが整理され、実際にやってみることも増えてくると思います。

もう1つ身につけておくとよい習慣が、チェックです。

仕事の進め方としてPDCAを取り入れている方もいらっしゃると思います。Plan・計画、Do・

実行、Check・確認、Action・修正です。

計画を立て実行しても、状況が変化したり、状況把握が間違っていたりしてズレてきます。こまめに確認して、修正を加えていきましょうというものです。ＰＤＣＡというものを知らなくても、仕事をする上では当たり前ですね。

チェックがうまく働いているか

ところが、実際にはそうではないのです。ちゃんと確認ができているかというと、そうではないことが多いのです。

確認というと、「ちゃんとやったか」とか、「ちゃんと進んでいるか」ということになりますが、ここに落とし穴が潜んでいます。

「ちゃんとやったか」と聞かれると、「飛込みの仕事が入りまして」とか、言い訳ができますね。自分のありたい姿を探す旅に出たとして、「ちゃんとやってるか」と自分に質問を投げかけてみると、そんな言い訳が出てきそうですね。

チェックしていることを確認する

セルフ・マネジメントのポイントは、自分で自分を修正できることです。そのためには、チェックは必須です。チェックするから、修正が働きます。そして、こまめにチェックできていれば、修正も早くなります。

ですから、「ちゃんとやったか」の前に、まずは「ちゃんとチェックしているか」という質問に変えるべきです。

これから自分のありたい姿を発見していく、あるいはありたい姿に向かって、今の仕事を続けながら旅をするようにやっていくためには、ぜひ「ちゃんとチェックしているか」という質問を自分にしてください。

日々、目的に向かって、1つひとつ目標を達成しているか、チェックする習慣をつけてください。

9　ワーク：自分とのお約束として明日からやる小さなこと

自分の時間の使い方を変える

新しい道を見つける、あるいは進んでいくための、いつもの日常から時間の使い方を変える方法についてお伝えしてきました。

この、自分を変えていく方法を身につけないと、第3章からの進め方を読んでも、読んだだけで終わるかもしれないので、最初にお伝えしてきました。

1つ、実行してみましょう

まずは、第1章のワークで設定した1週間以内にすることを実行したか、チェックしてみてください。いかがでしょう。

ぜひ、自分に対してのお約束として、最初の小さな1歩を決めて実行してください。

今までに例として挙げたものを目標らしく書くと次のようになります。

■例1：朝5分スケジュール帳を眺めて、自分のありたい姿を見つけるための時間を取る。これを明日から始めて7日間続ける。

よい目標の設定は、具体的で、実現可能で、計測可能であるとお伝えしました。この例で計測可能とは、もうおわかりのように、「明日から7日間」です。「朝5分」もそうですが、そちらは厳密でなくてもよいので、「7日間」できたかどうか、チェックしてみてください。

■例2：次の土曜日に、ありたい姿に向かって考えていくためのノートを買って、最初のページにとりあえず思いつくありたい姿を5つメモする。

ノートを買ってくるだけでもよいのですが、少しハードルを高くした例です。「ありたい姿を5つ」というのが計測可能というわけです。

脳科学で証明されていることがあります。脳は具体的に、数字などで示されると動きやすいのです。ぜひ、数字化、計測可能な書き方をしてみてください。

第1章のワークで何を書いたか、そして実行したか、再度確認する機会をお持ちになってください。一気にお読みになっている方は、この第2章のワークも含めて、後日チェックする時間をスケジュール帳にぜひご記入ください。

第3章　自分らしいキャリアの考え方

1　自分でキャリアを考える意味

自分の時間を確保しながら1つひとつ

第2章で、これからの自分の新しい道、あり方を考え、見つけていくために必要となる、そのための時間のつくり方をご紹介しました。

この章では、新しい道、あり方を、自分らしいキャリアとして考えていくための方法についてご紹介したいと思います。その1つひとつをぜひ第2章で学んだ自分の時間のつくり方を実践しながら進めてください。

私の場合

私自身のことを振り返ってみますと、自分で自分のキャリアを考えたのは、学校を卒業して会社に入るまでだったのかもしれません。もちろん、考えていたとも言えます。

例えば、係長になって、課長になってとか、海外赴任をしてみようとか。外的キャリアですね。まあ、海外赴任に関して言えば、家族を巻き込みますから、人生にとっての大きな決断であったことは間違いありません。生き方について考えたという点で、それまでとは違ったのは確かです。

私が今の道に踏み出したのは、考えてみれば、定年後のことは自分で決めなければならないという単純なものだったと思います。20代前半に、どの会社でどんな仕事をするかを決めた、それ以来の自分のキャリアを考えざるを得ない状況が訪れたのです。

30年来のことです。今の会社にいるということが当たり前過ぎて、他の選択肢がまるで想像できなかった戸惑いがありました。１つの会社に入ったら定年まで過ごすという前提条件が常識だった世代で、定年が来たら働くのは終わりという前提が崩れたのです。

自分で自分のキャリアを考える時代に

つまり、会社員をはじめ、組織に勤めている誰しもが、自分のキャリアを自分で考えざるを得ない時代になったわけです。

もちろん、定年したらもう働かないというのも、自分で選択したキャリアです。

今の若い世代は、定年までという保証がない不透明な時代に育っていますから、そもそも定年まで1社で過ごすのは常識とは言えないようです。それぞれに考え方の違う多様性があります。

学校でキャリアについて学んでいる人もいます。

とはいえ、では、キャリアの流動性に見合った整備された状態かといえば、まだまだと思います。

しかし、私自身の経験として、私が退社したときに比べても、この7年間の変化は大きいと感じています。会社という世界の中にいると気づかない変化があると、私自身つくづく感じています。ずいぶんと、考えたり、体感したりしやすくなっています。

まずは、知ることから。外に出て感じてみましょう。

メンバーシップ型とジョブ型

ここで、日本と欧米を中心としたキャリアの違いについて見てみましょう。

日本はメンバーシップ型、欧米はジョブ型と言われます。もちろん、一律的にそうだというわけでなく、その特徴があるというものです。

メンバーシップ型は、人に仕事をつけていくもので、入社した人を育成し、経験を積ませて、次の仕事を与えていきます。いる人に、何をさせるか、という仕組みですね。

一方のジョブ型は、仕事に対して人を採用するもので、組織構成上の欠員が出たら、その役割に対して募集をかけます。つまり、ポストが空いたら募集のチャンスがあるわけです。会社側から上のポストや別の職種への異動を示されることがないのが、ジョブ型です。

ですから、ジョブ型の場合は、より上位のポストやより給与の高い職種へつきたければ、自分で学んで資格を取ったりします。自分のキャリア形成のために、自分で学びます。

メンバーシップ型の場合は、もちろん自分から希望を出すことはありますが、会社側が決めていくという側面があると言えます。

一概には言えませんが、このキャリアに対しての仕組みの違いが、自分のキャリアづくりの意識に影響しているように思います。

2　自分の心を動かすもの

何が自分の心を動かすのか

自分でキャリアを考える上で、では何が自分の心を動かすのか、ここを考えることが大切になります。

自分の心が動くもの、それはモチベーションの源泉と言われています。あなたにとって、それは何でしょう。

自分にとっての「ありたい姿」と同じように、これも改めて問われてみると、はっきりしないことに気づきます。20代のときに、なぜ今の会社に入ろうと思ったか、そこにヒントがあるかもしれません。年齢を重ねて価値観が変わることもあります。思い出してみましょう。

役割にとらわれる

しかし、第2章でも触れましたが、「役割」にとらわれていることがあります。

仕事には、役割があります。役割とは、期待されていることであって、必ずしも自分の動機と一致するとは限りませんね。でも、仕事ですから、その役割を果たそうとします。

ここで、何かを判断するときの選択基準について考えてみましょう。当然のことながら、その選択は、仕事上の役割を果たすためのものです。

本来持っている自分の価値観に基づく選択基準とは限りません。でも、それを日々繰り返しているうちに、それが自分の選択基準であるかのように思ってしまう可能性があります。

いつの間にか、自分本来の価値観を忘れてしまっているかもしれないのです。

ですから、自分としてのこれからの生き方を考えて、そこから改めて自分にふさわしい働き方を考えることが大切になります。

何を基準にするか

何を基準にするかは、人によって様々です。

今までやってきた仕事を大切に、今後もやり方は変わるかもしれないけど続けたい。

今までの経験を活かすために、今の会社の枠を越えてチャレンジしたい。

今までやってきたこととは違う、別のことをやってみたい。

など、どういう道を歩くか、例えば前述の3つの分かれ道が見えてきたときにどれを選択するか、自分としての基準をどこに置くのか、ということですね。

あちらを歩いてみたいということもあるでしょうし、あちらを歩いてみたいけどリスクを感じるからこちらということも、あるいは分岐点に気づかず進んでしまうこともあるかもしれません。

せっかくですから、後悔しない、納得のいく決断をしたいものです。

思い出してみましょう

好きなことをやってみたいというときに、では自分の好きなこととは何かを、改めて確認してみることは大切です。

先にも書きましたように、仕事中心の生活をしていますと、その役割上の基準を自分に課しているものです。ですから、思い出してみましょう。

思い出すときに、よく使う方法の1つに、子供の頃になりたかった仕事、例えば宇宙飛行士、あこがれる人、例えばサッカー選手、そこから、なぜそう思ったのかを言語化してみるというのがあります。

私は、野球選手にあこがれていたという例を使うことがあります。なぜ、憧れていたのでしょうと、考えていただきます。

体を動かすのが好きだから、注目を浴びるから、チームで結果を出せるからなど、様々です。そこに、ヒントがあります。50歳になって野球選手を目指すのは、もちろん非現実的ですが、チームで結果を出す、仲間と一緒に結果を出す仕事をしたい自分、つまり選択基準の1つを発見できます。

もう1つ、学生時代にワクワクしたこと、楽しかったことを思い出してみましょう。

例えば、学園祭とか部活など。国語の授業で文学作品の一部に触れ、その言葉の美しさに惹かれたかもしれません。

そうか、小さい頃から今の仕事でも、仲間と一緒にやるのが好きなのだ、ということを発見することがあります。

3　具体化の方法

自分らしい道を選ぶために

それでは、順番に、これからの自分らしい生き方・働き方を考えるステップをお伝えしていきます。

何を基準に方向性を決めるか、それは様々です。しかし、「自分らしい」ことを探すという意味では同じです。新しい道を選ぶ。新しいことですから、何が待っているのか、どうしたらそこにたどり着くのか、経験がないのでわかりません。そもそも、そこへ行くことで自分の期待していることがあるかどうかもわかりません。

ですから、その道に踏み込むこと自体を迷います。やっぱり、今までの道のほうが、不満はあるかもしれないけれども、安全なものに思えてきます。わからない、だけど、だからこそ踏み出す、そんな決断が必要です。

決断をするための材料

決断と言っても、やみくもにするわけにはいきません。考えましょう。何を考えるのか、そのためには何をすればよいのか、それをお伝えしていきます。

ここで大切なことがあります。

考えて整理してみたところで、行動してみなければわからないことがたくさんあります。ですから、これから進めていくことは、何を大切にして、何ができそうかのイメージをつかむことと、具体化していくための課題を可視化していくものです。

そして、第4章では、整理したところから、実際に見つけるための行動の仕方をご説明します。ある程度整理してみたら、第4章の行動することをご覧いただき、行動しながらさらに整理していくとよいと思います。

4　ありたい姿

どういう状態でありたいか

何をするか、ではなくて、どういう状態でありたいか、を考えることが大切だと書きました。何をするかは手段ですので、選択肢を広げるために視野を広げてみましょう。人は関心のあるものしか見ないと第2章で書きました。忘れていることも、気づいていないこともあります。焦らずにじっくりと探してみましょう。

問題は、ありたい姿と現在とのギャップであると第1章で書きました。しかし、まずは「ありたい姿が見つかった状態」を、最初のありたい姿として設定して、問題を発見して、解決していきましょう。

私の場合

私自身のことを振り返ってみても、何をするかははっきりと決まっていなかったのですが、どういう状態でありたいかは、イメージとして持っていました。

それは、１００冊の本を読んだことと、東日本大震災の体験を通して心に湧いてきたものでした。健康で、家族との時間が取れて、自分と同じようにこれからのことを悩んでいる50代の人達に貢献できるような仕事をしている。そういう状態でありたいと願いました。

でも、では、具体的にどんな仕事か、そこがはっきり決まっていませんでした。

もちろん、コーチングを活かしたアドバイザーか、コンサルティングかぐらいのイメージは持っていましたが、それは具体的とまでは言えませんでした。

まずは、大切にしたいことは何か、それをありたい姿として設定するぐらいから始めるのがよいと思います。他にないかを確認しつつ、明瞭度を上げていくイメージです。

5　人生のステージを分ける

方向性に対してステージを設定する

ありたい姿は、方向性を示すものです。

次に、これからのご自身の人生を、やってくる節目ごとに第２章で触れたステージとして区切ってみましょう。そうすることで、ステージごとにどうありたいか、そのために何を準備しておくかを分けて考えることができます。そうすると、ご自身にとっての、期限を設定した目標を具体化することにつながります。

もちろん、厳密な人生設定とはなりませんが、１つの想定として具体化することができます。変化要因が見えてきたら、都度修正してメンテナンスしていくことができます。

定年と年金は大きな節目

会社（組織）に勤めている人にとって、やはり定年は大きな節目です。

厚生年金の受給が65歳からですから、その間をどうするか人生にとっての大きな決断が迫ってきます。会社によっては、それより前の役職定年が、もっと大きな節目となります。仮に53歳で役職定年を迎える場合、厚生年金受給まで12年もあります。

例えば、次のようになると思います。

・53歳、役職定年。まだまだガッチリ稼ぐ必要がある。しかし、役割変化の中で自分としての活かしどころを見つけることが重要テーマとなる。会社の中での役割を見つけていくことに加えて、将来に向けて何か活動を始めたい。それが、将来の新しい働き方につながるとよいのだが。

・65歳の厚生年金受給まで。まずは、65歳までの収入イメージをつくる。退職金や企業年金、再雇用の場合の収入など、そのまま会社に残るとすればどうなるのか、１つのケースとして試算してみる。別のケースとして、定年前に他の道に進む、あるいは定年後に他の道に進むなど、どのタイミングで別の道に進むか、検討してみる。

・65歳以降。年金だけで収支がどうなるのか試算してみる。お金のことだけではなく、そのときに何をしているのか、あるいはできるのかを考えてみる。可能なら、収入はともかく、社会に役に立つ働き方ができるとよい。それが見つかるのか。そのためには、何をしておけばよいのか。

これらのような感じで、その人の状況に合わせて、いくつかのケースを考えるとよいでしょう。この例では、あえて定年を節目にしていません。定年は大きな節目なのですが、人によって、その前に道を変えるからです。

家族の年齢と合わせて節目を考える

自分のことだけではありませんね。人生のステージを分けて考える上で、家族の状況は深くかかわってきます。親・配偶者・子、ご自身の年齢と共に家族の年齢を書き加えて、眺めてみましょう。

もちろん、いつどうなるか予測はできません。どのあたりで何を考えておかなければならないか、メモしておきましょう。そして、気づくことがあれば、追記・修正してメンテナンスしていきましょう。

お金の流れとライフ・イベントを一覧にする

ファイナンシャルプランを立てるときに基本となるシートとして、前述の家族の年齢からライフ・

イベントをイメージし、合わせて収支の流れを一枚作成します。

そのようなシートを作成して、ご自身の人生のステージを区切ってみましょう。

なお、そのためのシートをご用意しました。第7章8項のダウンロード方法をご覧ください。

6　やりたいこと

３つの要素

ありたい状態を再確認しながら、具体化していくときに3つの要素を考えます。「やりたいこと」「やらなければならないこと」、そして「できること」です。

「やりたいこと」と「やらなければならないこと」は、人生のステージで変化していきます。仕事にも、やりたいことと、やらなければならないことがあります。時間を含め制約条件の中で、それぞれを絞り込みます。すべてはできませんので…。その上で、プライベートにも、やりたいこと、やらなければならないことがあります。ますます残された時間の中で何とかしようとします。

では、会社（組織）を離れた後は、どう変化するでしょうか。考えていきましょう。

やりたいことはたくさんある

まずは、「やりたいこと」です。きっと、たくさんありますね。でも、他にやらなければならないこともあるしとか、どうせ無理とか、あるいは忘れていることもあるかもしれません。実現するかどうかは別として、まずはたくさん出してみましょう。

2つのステップに分けて考えてみることをおすすめします。

1つ目のステップは、項目を分類して書き出します。2つ目のステップは、それを先ほど作成した人生のステージに分けて整理してみます。

やりたいことを項目に分けて出す

では、1つ目のステップです。（仕事、家族、自分、地域、貢献、その他）のような項目に分けて、それぞれ書き出してみましょう。

自由にいろいろと出してから分類するという方法もありますが、ここでは、それぞれの項目から引き出すように関心のあることを思い出して次々と出してみましょう。

どちらに分類されるか気にせず、項目をヒントとして発散させてみましょう。

書き出してから、再度関連や分類を見直しながら優先順位をつけていきます。心が動くものを大切に、できるかどうかを気にせず、やりたいことに優先順位をつけます。

・仕事…今の会社でやってみたいこと。他の会社でやってみたいこと。起業してみたいこと。場所で考えてみるのもいいですね。地方でやってみたいこと。海外でやってみたいこと。住んでみたいところ、複数の拠点としてやってみたいことなどです。

・家族…これも大切なことですね。家族に対して、家族と共に、後で後悔することのないように書き出しておきましょう。

・自分、地域、貢献…「自分」というのが、仕事や家族と重なることはありますね。それ以外に、自分としてやりたいこともあると思います。年を重ねていけば、地域とのつながりも必要だなあ、とか、何に貢献してみたいか、自分の思いを書き出してみるのもよいと思います。社会のために、地域のために、誰かのために役に立つということが、やりがい・喜びにつながるものです。

人生のステージに置いてみる

２つ目のステップは、人生のステージに分類して置いてみましょう。それぞれのステージで複数のことがあり、その比率を変えていくイメージで、そのステージごとの優先順位・時間配分を考えてみるとよいと思います。

7　やらなければならないこと

やらなければならないこともたくさんある

ため息をついてしまうこともあろうかと思いますが、これもきっとたくさんありますね。目をそらさず、しっかりと向き合って書き出しましょう。

「やりたいこと」と同様に、2つのステップ（項目、ステージ）に分けてやりましょう。

項目を分けて出す

まずは、1つ目のステップです。同じ項目に分けて、それぞれ書き出してみましょう。考えてみると、実に様々あります。生きていくということは大変です。

これは、すべてを書き出すというよりは、忘れてはいけないことを書き出すぐらいでよいと思います。

・仕事…ここは、今の会社での役割や期待されていることを書き出します。また、視点を変えて、このくらい稼がなければならないということも書いておいてよいと思います。学費・ローン返済・老後資金など、分類上は「家族のために」となりますが、仕事でお金を稼ぐ意味で書いておいてもよいと思います。

・家族…人生のステージを考えたときに、ライフ・イベントとして出てくるものがあります。介護は一番大きいことかもしれません。ひょっとすると、家族との会話の機会を増やしておかなければ、とお書きになる方もいらっしゃいますね。「やりたいこと」なのか「やらなければならないこと」なのか、気にせずご自身の気持ちで書いてください。

・自分、地域、貢献…益々健康が大切な基盤になるので、生活習慣を改めるとか、運動を始めるとか、これも「やりたいこと」なのか「やらなければならないこと」なのか、分類は気にせず書いてください。

人生のステージに置いてみる

２つ目のステップは、人生のステージに分類して置いてみましょう。それぞれのステージで複数のことがあり、その比率が変わっていくイメージで、そのステージごとの優先順位・時間配分を考えてみるとよいと思います。

8　できること

できるために

ありたい状態を再確認しながら、具体化していくときに考える3つの要素「やりたいこと」「やらなければならないこと」、そしてそれを実現するための「できること」です。

「やりたいこと」と「やらなければならないこと」は、人生のステージで変化していきますが、それに対して、自分の能力やよさを活用するという視点と、身につける視点が必要です。

必ずしも能力だけではありませんね。人柄や知識、持っている人脈というのもあります。つまり、これまでに培ってきたものを能力に限らず、活用できるものを整理してみます。さらに磨き込んでおくことも必要です。

そして、足りないものもあります。それは、獲得していく必要があります。

保有しているものの棚卸

50歳ともなると、これまでの経験から活用できるものがたくさんあります。つい、いつもの仕事をしていると、当たり前過ぎて気づかないこともあります。「やりたいこと」「やらなければならないこと」に紐づけて、活かせるものを書き出します。

専門スキル、経験、業界知識、職務知識、人脈などがあります。それに加えて、どんな仕事をしていく上でも必要なものがあります。それをポータブルスキルと呼びます。

今の会社かどうかは別として、今までの業界で活躍したいというときは、専門スキルや経験・知識を活かせます。また、別の職種や業界だとしても、関連がある場合に専門性は活かせます。

しかし、新しい仕事、あるいは収入のない働き方に道を変えるときに役立つのが、ポータブルスキルです。

ポータブルスキル

なぜ、ポータブルスキル（Portable Skills）と呼ばれるかというと、持ち運べる（Portable）、つまり他の仕事でも使えるスキルだからです。仕事をする上での基本とも言えます。

3つに分類されています。「対人能力」「対課題能力」「対自分能力」です。

対人能力は、関係性をつくる、説明し理解を得る、説得する、組織をまとめるなどです。

対課題能力は、問題を発見する、課題として設定する、行動計画を立て実行するなどです。

対自分能力は、受け入れる、挑戦する、耐える、持続する、規律を守るなどです。

50歳ともなると、まず対課題能力が日々の仕事で磨かれていることと思います。対人能力は、如何でしょうか。ひょっとすると、弱み・苦手意識が働いているかもしれません。新しい道へ進んでいくためには、会社に守られているわけではありません。新しく関係性を築く、理解を得るといったことは必須になりますので、今の仕事をしながら磨いていくことが大切です。

また、対自分能力も、新しい道へ進むためには必須能力です。言われてやるのではなく、自ら自分をコントロールして切り開いていく必要がありますので、これも磨いていきましょう。

9　獲得していくもの

新しい道のために準備すること

新しい道へ進むためには、ポータブルスキルを磨き直す必要性に気づきます。

新しい道に必要な資格の取得は、すぐわかりますので取り組みますが、どんなポータブルスキルを獲得したらよいのか、リストアップしておきましょう。そして、それは、今の仕事をしながら意識することで磨き上げることができます。今の仕事でも能力アップにつながりますから、ぜひ取り組みましょう。

また、今の仕事でポータブルスキルを上げることができれば、自信にもつながります。より大きな「やりたいこと」にも挑戦できる気分になります。

誰にでも必要なマネジメント能力

いや、部下がいるわけではないので必要ないよ、では、ありません。それは、組織マネジメントのことです。改めて、マネジメントの意味を見てみると、その動詞であるマネージ（manage）には、「何とかして、やり遂げる」という意味があります。「この週末は大変だったけど、なんとかマネージできた」というように使います。

制約条件の中でとか、変化した状況の中でとか、そんな感じもありますね。組織マネジメントは、まさにそうです。予算・期間・人員などの制約条件の中で、しかも変化していく状況の中で、「何とかする」のがマネジャーの役割です。

さて、自分に対しての能力は、自己マネジメント能力と言われます。新しい道へ進む、そのために決断する重要な能力だと思います。

自己マネジメント能力

新しい道へ進むために必要なものとして考えてみましょう。もちろん、これは、どういう道に進むかによって必ずしも必要としないものもあります。新しい道へチャレンジするときに大切になるものを見ていきましょう。

変化適応力は、新しい道へ進むわけですから、必須ですね。ところが、意外にもここで失敗する人が多いのです。例えば、新しい会社で活躍しようと思ったが、中に入ってみて、やり方や考え方の違いに馴染めずに力を発揮できず、結果として認められないこともよくある話です。地域活動に入って失敗するのも、これです。特に上位の役職経験者にありがちで、ご自身の経験から「こうすべきだ」が、ともすれば「こんなやり方だからダメだ」と批判的になることもあります。ご注意ください。

行動持続力、諦めない、モチベーションを持ち続けることも必須です。新しい道が自分の道になるまでには、苦しいことの連続です。自分を前に進める、その能力なしには実現しません。なお、モチベーションは、「自主的に」することが継続の条件とも言われます。

また、「諦める」の由来は、「明らかにして、定める」でしたね。明らかにした上で、やるかやらないかを決める、ということです。

自分のよいところ（活かしどころ）を見つける力とか、感情をコントロールする力等、必要となることをリスト化して、今の仕事を通じて鍛えていきましょう。

自分の目標があれば、つまり自主性があれば、モチベーションを持って鍛えていくことができます。

獲得していくものを具体化して取り組む

これからの新しい道へ進むために必要なポータブルスキルを磨いていく必要があります。そして、それには時間が必要です。今までの自分を更新するようなものです。

でも、改めて時間をつくることでもありません。今の仕事の中で、意識することで変えていくことができます。

10　大切にしたいこと

選択基準の元になるもの

「やりたいこと」「やらなければならないこと」そして「できること」について述べてきました。「できること」には、現在保有しているものと、自分の道のために獲得していくものがあると書きました。

もう1つ、「大切にしたいこと」を言語化しておきましょう。

やりたいことと、やらなければならないことの中から、自分の限られた時間の中で選ぶときに、「大切にしたいこと」を言語化しておくと、選択基準がぶれません。

何を大切にしたいのか、とりあえず書き出して時々見直すことで、しっくりするものが残っていくはずです。

いくつかの例をあげてみます。

- 「誰」…家族を大切にしたい。
- 「信念」…誠実であることを大切にしたい。チャレンジ精神を大切にしたい。
- 「状態」…穏やかであることを大切にしたい。明るい笑顔を大切にしたい（信念でもあります）。
- 「役割」…これからは社会貢献を大切にしたい。

厳密に、ではなくて、思いつくことから書いてみるとよいと思います。

時間をかけて問いかける

いくつかの例であげたものを見てみるだけでも、複数出てきそうですね。時々眺めて、自分に問いかけてみるとよいと思います。

「これからの私は、何を大切にして生きたいか？」

1人だけの時間のときに、できればいつもと違う場所で、ノートを広げてみるとよいと思います。静かなところで考える。仕事をしているときに、家庭にいるときに、「そうなのか？」と問いかける。繰り返しているうちに、優先したい大切にしたいことがはっきりしてきます。

自分と向き合う時間を、少しの時間でよいので、継続して持つとよいと思います。

ノートに書いてあると、パラパラと見ることができますので、便利です。

ポイントは、自分自身に問いかけることです。脳は、質問されると考えるという特性を持っています。ノートに目立つように「質問」を書いておくと反応します。

他人の力を借りることができれば、より効果的です。お互いに質問をしてみると、1人で考えるよりも深まってきます。

11 ワーク：キャリアを考える5つの要素

これからのキャリアを考えていくために考えることがたくさんありました。慌てずに、じっくりと少しずつ書き出していきましょう。

まずは、今の気分で思いつくことを、5つの要素「ありたい姿、やりたいこと、やらなければならないこと、できること、大切にしたいこと」に分けてメモしておきましょう。

少し書いてみることで、整理することが始まります。きょう、少しだけメモして、また後日に時間を取って1つひとつ広げていきましょう。

このワークは、枠があったほうがやりやすいので、第7章8項をご覧いただいてシートをダウンロードするとよいと思います。

とはいえ、シンプルなものですから、本文からご自分で工夫して枠をつくっていただいて大丈夫です。

第4章　普段の自分では関心が及ばないテーマを持ったサークル、集団に出会ってみよう

1　新しい人達と会う意味

視野を広げて発見する

第3章で整理した自分としての考えを、実際に確かめるために、外へ出てみましょう。視野を広げ、他の人の視点も借りながら、自分では気づかなかった自分の持ち味や可能性を発見できます。整理して出てきたやりたいことが、自分の期待していたものなのか確認することもできます。

そして、何よりも、新しい道へ導いてくれる人に出会う可能性があります。

新しい知識は新しい人から

新しい道に関しての情報は、本やネットでも調べることができます。しかし、やはり実際のところは、そこにいる人に聞いてみることが一番ですね。新しい知識を得るためには、新しい人と出会う必要があります。そのためには、新しいところへ出向いてみるという行動が必要です。外へ出てみましょう。

自分では気づかないこと

自分のことを、自分が思っていることと、他の人がどう感じるかは、案外違うものです。普段の自分を知らない人だからこそ、見えることもあります。いつもの仕事をしている自分とは違うモードになっているかもしれませんし、仕事上の関係性がないために見えることもあります。

ぜひ、第3章で整理した自分の思いを話してみましょう。利害関係がないからこそ話しやすいですし、いつもの自分を知らない人だからこそより的確に指摘してくれることがあります。

第7章でご説明しますが、私も個人名刺をつくり、自分の思いを話して反応を見ました。まだまだ整理がついていない状態で構いません。むしろ、まだ整理できていないのですよね、と語ったほうがアドバイスを貰えたりします。

新しい道へのドアを開いてくれる

いつもと違う場所で、いつもと違う人達と会話することで、そのときに自分の思いを語ることで、それならこんなことがあると紹介してくれる人が現れます。そんな人が現れるまで、会い続けるといったほうが正しいかもしれません。

どこで、誰と会うかわかりませんが、旅に出ないことには出会いも起こりません。そして、新しい道へのドアが開かれるときがやってきます。くれぐれも、お見逃しなく。

思いもよらぬ発見がある

自分が関心を持っているところだけとは限りません。時に、こんな集まりがありますが、如何ですかと誘われることがあります。もちろん、十分気をつけてください。

しかし、安心できる人からであるならば、関心が及ばなかったことでも参加してみると、思いもよらぬ発見があるかもしれません。

自分としては思いつかなかったことが、他の人から誘われたということは、何か意味があるのかもしれません。とりあえず行ってみるということも視野を広げる役に立ちます。

2　新しい道は自分にとって知らないことばかり

知ることで具体化が進む

やみくもに、とか手当り次第にというわけにはいきませんが、外に出て新しい人との会話を通してわかってくることがあります。第3章で整理したことを、どんどん追加修正していきましょう。

今までの自分が知っている世界の中だけではわからないものです。外に出て知ることで、考えが整理され、新しい道へのやるべきことが具体化していきます。

新しい道を探すための旅

旅をすることで、どこへ行けばよいかがわかってくる、というイメージです。ぜひ、旅に出るような感じで、いろいろな人と出会い、違う世界を覗いてみましょう。もちろん、旅には危険がつきものです。くれぐれも追い剥ぎにあったり、囚われの身になったりしないようにしてください。

この探すための旅が、第３章でご説明したポータブルスキルを磨くことにも役に立ちます。新しい人との出会いですから、対人能力が磨かれます。危険を避けて探しているものを見つけることが対自分能力を向上させてくれることでしょう。

自分を知るための旅でもある

自分の道を探すための旅が、自分を探すためのものでもあります。

そうか、自分はこういうことをしたかったのだ。大切にしたいことは、これだ。そんな発見が得られます。いつもの仕事環境の中にいては、そこでの役割を意識していますので、それ意外の自分に気づかないのです。

自分が何をしたいのかを発見する。そんなことに出会う。外に出ないとわかりません。自分を発見し、成長させる。そんな旅になります。映画のヒーロー物語のようですね。

実はこれ、ハリウッドでも使われている物語の黄金の法則なのです。もちろん、そこには新しい道へと導いてくれる人（魔法使いだったりする）や、恩師となる人も出てきます。悪役はもれなく登場してきます。危機を乗り越えて、自分の役割に目覚め、仲間と力を合わせ、そしてヒーローになる。何千年にもわたる物語の黄金の法則なのですから、ぜひ活用しましょう。

人は旅に出ることで成長します。そして、何かをつかみます。

謎の地図からの旅立ち

映画や物語で言えば、行き先がよくわからない謎の地図からの旅立ちのようなものかも知れません。行き先のようなものが描いてあるが、それがどこなのか、どうやってたどり着くのかもわからない。

とりあえず出かけながら、旅の途中で情報を得て、発見し、そしてたどり着く、そんな旅かも知れません。

あなたは、そんな旅に出ますか。

3　計画された偶発性理論

ただ偶然を待つのではない

クランボルツ博士が提唱した「計画された偶発性理論」があります。私が会社を離れ、紆余曲折があったものの、導かれるようにドアを開けてくれる人達に出会いました。後で、この理論を知ったときに、まさにこれだったと合点がいきました。

簡単にご紹介すれば、偶然が起きる可能性を高めるために、計画的に行動することが必要だという理論です。新しいことをするためには、どうすればよいかわからないからこそ、偶然の出会いなどが起こりやすくなるように考えて行動せよ、と言うわけです。

私の場合

私の場合は、出会う可能性を高くするために、南青山にあるシェアオフィスから始めました。まさに、そこでの出会いがきっかけになっていきました。何が起きるかは予測できませんが、何かが起こることを期待した計画的な行動だったわけです。

今でも、当時出会った方々に感謝しています。

いつもの仕事の考え方とは違います

新規領域を開拓する仕事でもなければ、目標から逆算して、きちんと計画を立てて実行することを求められます。私もよく言われたことがありました。それをやれば成果が得られるとなれば、可能性が読めない行動は取りにくいものでした。予算が厳しい時期はそうなりがちです。もちろん、創造的な分野では、まずはやってみるが正しいです。

もし、計画的に予定されたものを成果として求められている仕事を続けていると、このような偶発性に頼る行動というのは不安を感じると思います。でも、それが謎の地図を頼るようなものだとしても、旅に出ないことには、新しいことには出会わないのです。

早めに旅に出る

そのような行動に出るためには、1つには楽観的である必要があります。

別の言い方をすれば、だから余裕を持って探す旅に出ることが大切だと思うのです。切羽詰まってからでは、そういきません。定年が近くなってしまうと、いつ何が起こるかわからない（保証のない）行動に対しては二の足を踏んでしまいます。

今の仕事で給料を貰いながら、自分の時間を使って外に探しに出かけることをおすすめします。

4　6次の隔たり

1回では届かない

もう1つご紹介しましょう。「6次の隔たり」というものです。知合いのさらに知合いの6人目で全世界の人々がつながるという、世界は狭いことを説明する仮説です。私は、これを違う世界につながっていくと、自分が求めていた所にたどり着くと勝手に解釈しています。

よく、こんなことをしたいので誰かを紹介してくださいと求めてくる人がいます。そんな都合よく、紹介できるものではありません。1回では届かないと思うのです。

計画された偶発性との組合せ

今いるところから、1つ離れたところへ行く。これを1次目としましょう。そこから、もう1つ離れたところへ行く。これが2次目となります。でも、まだ自分が思うところではないかもしれません。私は、３次目ぐらいかなあと思っています。

１つ離れたところへ連れていってくれる人との出会いが、クランボルツ博士の計画された偶発性だとすると、なかなか大変な気分になります。確率×確率×確率ですものね。

自分の想いが届いているか

もう１つ、大切なことを繰り返します。新しい世界へのドアを１つ開けてくれる人と出会う偶発性を引き起こすために、いろいろな場へ出ても何も起こらないと感じるときは、自分の想いが届いているか確認しましょう。

まだ、きちんと整理されていないとしても、ご自身の熱い想いが相手に伝わっていますか。どんな貢献、誰に・何を具体的に語れていますか。そこに、自分のどんな経験や能力を活かすことができそうか、語れていますか。

上記３点が、相手に伝わらないことには、あなたのために動いてくれる人は現れません。ですから、第３章での自分整理が必要です。そして、簡潔に、伝える工夫をすることに自分の時間を投入すべきなのです。

早めの行動開始を

急かすわけではありませんが、そういうわけで早めに行動を起こしたほうが安心だと思います。

行動を起こして発生するリスクよりも、スタートが遅くなることで動けなくなるリスクのほうが大きいと思います。

先が読めない不安だからこそ、何をしたいか、どのように見つけたらよいかわからないからこそ、旅をして発見しましょう。もちろん、今の仕事を通してポータブルスキルを磨きながらです。

5　いろいろある勉強会

自発的な勉強会に参加してみる

まずは、テーマを絞り過ぎずに、参加しやすい勉強会に参加してみるのもよい方法です。同じような、自分の道を見つけようとしている勉強会ならピッタリですが、最初から見つかるわけではありません。最初は、テーマにとらわれ過ぎず、自発的な勉強会というのはどんなものかを知るところからでもよいと思います。

計画された偶発性理論を思い出してみてください。ひょっとすると、その中に同じような関心を持っていて、別の勉強会にも参加している人がいるかもしれません。

まずは安全に

とは言え、まずは安全に。知合いが参加している勉強会ですと安心ですが、身近にあるとは限りません。

そこで、まずは少人数のセミナーに参加してみるのも、1つの選択肢だと思います。大人数ですと、単なる聴衆の1人になって、他の人を知る機会が減るかもしれません。少人数ならば、会話の密度が上がりますので、お互いを知る機会になります。

あるいは、ネット上のコミュニティーに参加してみて、自分に合いそうな勉強会やセミナーに参加するきっかけが現れるかもしれません。

そういう私も、外に出るきっかけはTwitterだったのですが、まずはご安全に。

公開されているとは限らない

知った人達で開催し、知合いの参加は歓迎という形で開催している勉強会も多いと思います。そういうわけで、ネットから勉強会を探すよりも、知合いに紹介してもらう、そのための知合いをつくることからというのもありかもしれません。

少人数で開催しているセミナーは、そういう意味でも参加してみる価値があると思います。

お金を払うセミナーならネットで探せますが、自発的な勉強会は公開されていないものです。

社内で発足した例も

私の前職の会社では、社内にそんな自発的な勉強会が発足し、年々数が増えてきています。私も、

「ＯＢと語る」としてゲスト参加をお願いされたこともあり、活発でよい環境だと感じました。社内だから限られてはいますが、安全です。他の会社とのコラボ企画へも発展していくと面白いと思っています。

6　自分が持っている力を試してみる

週末を利用して活動してみる

週末にＮＰＯに参加してみたり、地域活動に参加してみるというのも、自分の変化適応力を試したり、ポータブルスキルの活用を試す意味でもいいですね。

あるいは、再度趣味の時間を復活させて、外の人と会う機会を増やすという方法もあります。貢献であれ、趣味であれ、いつもと違う人達と会う機会をつくることで、そのコミュニティーに受け入れられて、自分の活かしどころを見つけられるか、確認できます。そして、その力を伸ばしていくことができます。

それにより、自分の心が動くものを発見できると思います。

いつもと違う場所で自分を発見する

いつもと違う場所、人という刺激の中で、いつもと違う自分を再発見することがあります。ただ参加するだけではなく、第３章で整理し始めたことで意識づけがされていますので、そこに関連したことに気づきやすくなっているのです。新たな環境で発見しましょう。

そして、計画された偶発性を引き起こすためにも、自分の道に対する不安や迷いや想いを、ぜひ語りましょう。知ってもらうこと、そして、語ることで自分の考えや課題に対しての理解が深まります。

新しい道へと、１つドアを開いてくれる人に出会うかもしれません。

様々な能力を確認できる

繰返しになりますが、新しい活動を始めることで、まずは変化適応力を確認し、調整できます。それ以外にも、自己マネジメント能力が試されますし、対人能力も試されます。自分が探している新しい道へ進むための基本スキルの確認と磨上げの機会と言えます。

ぜひ、自分が持っている力を試す活動をしましょう。

週末が楽しみになるように

まずは、その機会を継続できるように、ハードルを低くして、何よりも週末が楽しみになるものを選んで始めてみるとよいと思います。自分の心が動かないと、やはり継続しません。

まずは試してみて、外に出る自分をつくり、より合うことを探しましょう。

旅をすること自体を楽しめるように感じられないと、続けられませんよね。

7　プロボノ

より仕事力を試してみる

より仕事能力も試してみたい方には、プロボノというのはいかがでしょうか。プロボノとは、ボランティア活動の1つなのですが、このところ日本でもマッチングサイトができるなど、活動が広がりだしているように思います。

例えば、志はよいが課題解決の方法で困っているNPO法人に、課題解決を支援するという形で、ある期間参加するというものです。組織のまとめ方など、会社員として長年培ってきた能力を活用できます。それに加えて、変化適応力や対人能力なども活用することになります。

会社で鍛えてきた能力の活用方法がわかる

会社で仕事をしていると当たり前と思っていることが、案外役立つものであることが実感できると、それを活かして何ができそうかを考えるヒントになります。いつもの会社の場合は、周りが理解していて、知らないうちに補完されていて気づかないことがあるのです。

そして、その能力を活かすためにも、他にどのようなことが必要なのかも、実感できると思います。

また、無償で支援活動をしますので、お金以外の何を大切にしたいのかを確認する機会にもなると思います。

自分の主体性が問われる

そうした場では、あれこれ指示する上司がいません。自分で状況を把握し、メンバーと相談しながら進め方を考えていくことになります。主体性と協調性が問われます。

会社組織の中では、仕事であり、指示命令もあります。やらなくてはなりません。でも、プロボノでの活動の場合には、相手との協調の上で、自分で判断していかなければなりません。

関心のある方は、ネットで「プロボノ」と入れて検索してみてください。

8　そして自分主催へ

感じがつかめたら自分で開催してみる

感じがつかめたら、ぜひ自分が主催者となって開催してみましょう。

最初はいくつか参加してみて、さらに自分として深めていきたいテーマを絞り込んでからのほうがいいと思います。

いろいろなメリットがあります。試練もあり、実際に、仕事で忙しい身には負担です。だからこそ、得られるものも大きいのです。

主催者となることで得られるもの

新しい道として、事業であれボランティアであれ、自分が代表としてやることを候補としてお考えの方には必須の修行と言えます。

また、そういう道が自分に適しているのかどうかも確認するよい機会になります。

では、主催者となることで得られるのは、次のようなことです。

・自分が考えたいテーマを設定できる。そして情報が集まる。
・参加者を集め、開催する苦労がわかり、スキルが向上する。
・ファシリテーション能力が向上する。
・自分時間マネジメント力が向上する。

自分の問題解決になる

自分でテーマを設定することで、自分の問題解決になります。ここで大切なのは、主催者だからこそ、ということです。

情報を発信する人に情報が集まると言われます。主催者は、情報を発信する人ですから、そこに情報が集まってきます。

勉強会を主催すると、関心の高い人が、それぞれが情報を持ち寄ってきます。主催者ですから、自覚的に情報を集めるようになり、関心が高まることで、アンテナの感度が上がります。問題解決の早道です。

人を集め継続する力がつく

自発的な勉強会は、命令された仕事でも、給料を貰えるものでもありません。それでも人が集まるのは、そこに主催者の魅力が不可欠です。そして、どうしたら人が参加しやすいか、継続して開催できるか、考え実践することで人を集め継続する力が鍛えられます。

これは、勉強して問題を解決することとは違う能力を求められます。ですから、参加者の立場と主催者の立場で得られるものは、大きく違います。

マネジメント能力が向上する

勉強会を進行するファシリテーション能力、そして忙しい日常の中で勉強会を主催するための自分の時間をマネジメントする能力も向上します。これなしで継続できません。

うーん、苦しいなあ。自分主催は無理と感じる場合は、一緒に運営する仲間を募ってはいかがでしょうか。それはそれで、共同運営の難しさを知ることになるのですが、それもよい経験となります。繰り返しますが、命令された仕事でも、給料を貰える仕事でもありません。仕事以上に考え方の違いでぶつかることが起こります。主催者と参加者の間でも起こりますが、参加者のほうが去っていけば済むことです。

様々なポータブルスキルが試される

様々なポータブルスキルが試される機会となります。ぜひ、会社（組織）を離れる前に試してみることをおすすめします。試すことでわかってきます。わかったことを、普段の仕事の中でも能力向上を意識することで、自ら鍛えることができます。

将来の自分の道のために、いつもの日常としての仕事の中で、給料を貰いながら自分の能力を鍛えることができるわけですから、三方よし（勉強会参加者、会社、自分）にすることができます。

9　思込みを排除する

再度、外に出る意味を考える

もう1度、外に出てみることの意味を考えてみましょう。

視野を広げて発見することと、新しい道へのドアを開いてくれる人と出会うことでした。そこで新しい知識を得たり、思いもよらぬ発見があったりします。新しい世界の発見があって当然なのですが、同じように、いや、もっと大切なこととして、自分に対する発見が得られることです。

自分が持っているものに対しての発見と、今までの思込みの発見です。

思込みが行動を決めている

「人は、自分が関心のあるものしか見えない」でした。そして、「それは役割からくるものがある」でした。例えば、仕事上の役割、あるいは家事・子育てという役割。それが長く続くことで、見えるものが固定化し、自分にとっての常識になっていることがあります。

そして、同じ組織内での（たいがいは、同世代にとっての）常識になりがちです。

その思込みが、あなたの行動を決めています。

思込みの正体を知る

ノーベル賞を受賞した認知心理学者のダニエル・カーネマン博士の著書「ファスト&スロー　あなたの意思はどのように決まるか？」に、脳の2つの働きに関して次のように書いてありました。

・システム1（ファスト）：直感ですぐ判断のための答えを出す。時間もかからずに、決めてくれるすぐれもの。ただし、思込みをする。

・システム2（スロー）：じっくり論理的に考えて答えを出す。しかし、脳のエネルギーの消費を抑えるために、できれば働きたくない。システム1の提案に対して、考えずに許可を出しがち。

よく考えれば（システム2）わかることなのにというのは、よくあることですね。また、じっくり考えるにしても、そもそもバイアス（思込み）がかかっていることもあります。

どの道、会社（組織）に属している期間は限定的です。その中での、あるいはそこで経験してきたことが、その後の世界の常識とは限りません。そこでの知識や経験は活用するものの、視点の偏りからくる思込みは排除したいものです。

カーネマン博士によれば、システム1は止めることができないとのこと。ですから、「思込みが働く」ことを意識することです。システム2によく働いてもらうためには、休息が必要です。外に出ることで、違う刺激を受けて、ハッと気づくことがあります。

10　ワーク：参加してみたいこと

では、どのようなことから始めるか、今の考えを書き留めておきましょう。そして、次のように候補を調べて、その中から参加してみるものを決めて、出かけてみましょう。

・どんな勉強会やセミナーがあるか、ネットで調べる。
・知人が参加している勉強会に、とりあえず参加してみる。
・プロボノについて調べてみる。よさそうであれば、問い合わせてみる。

繰返しになりますが、ちいさく、1つ、必ず実行してください。そうすることで、前に進む原動力が生まれます。ぜひ、参加してみてください。

第5章　新発見した分野、好きな分野、得意なこと、専門性などを活かして起業を考えてみよう

1　小さな1人起業の考え方

起業という選択肢

さて、第3章で考えを整理し、第4章で外に出てみて、選択肢の1つとして自分で事業をやってみたいという気持ちが湧いてきたら、この章でイメージを確認してみましょう。

起業といっても、様々です。世界を相手に事業を拡大したい、無理せず自分の時間を大切にしながら事業をしたいと、売上規模の拡大を狙うのか、ほどほどでよいのかで方法論は違います。

事業拡大と共に人員を増やし拠点を拡大していくのか、基本1人でやるのかとも言えます。

この章では、小さな1人起業の場合を考えていきます。

個人事業主なのか、法人なのか

形態としても、個人事業主としてなのか、株式会社などの法人としてやるのかを検討する必要がありますね。法人も、株式会社、合同会社、社団法人（一般・公益）、財団法人（一般・公益）、NPO法人があります。昔は有限会社等がありましたが、会社法が改正になって現時点で設立できるのはこの5つです。

どのような事業をやるのかによって、適した形態があります。ネットで簡単に調べられますので違いを理解してご自分に適した形態を検討してください。

小さく1人でという場合には、一般的には個人事業主を選択する場合が多いですね。1人でも株式会社は設立できますし、より簡単な方法として合同会社という選択もあります。ただ、法人にすると経費がかさみがちで、何よりも様々な処理が必要になります。

まずは個人事業主で始めて、運営にも慣れて規模が大きくなってきたら法人化するという方法もあります。小さな1人起業の場合は、ここから始めて体を慣らすのがよさそうです。

税金と社会保険についても違いを調べる

私もそうでしたが、会社（組織）に属していると、税金と社会保険は会社任せで、まるで理解していませんでした。しかし、起業すると、法に従って正しく処理する責任が発生します。

個人事業主なのか、法人なのかで違いますので、可処分所得としていくら残るのかを試算するためにも、ご家族の状況から、それぞれの場合で税金と社会保険がどのくらいの違いになるか計算して比較するのもよいかと思います。

家族の状況によって計算が異なりますので、一概にどちらが得だとは言えません。

社会保険を例にポイントをお伝えすると、個人事業主の場合は、扶養者ということではなく、1人ひとりが国民年金と国民健康保険を支払う必要があります。

国民年金は、所得によらず一定額です。法人の場合は、被保険者が支払うだけで、扶養者の分は支払う必要はありません。所得により厚生年金額が変化します。また、労使折半なので、皆さんの給与明細に記載されている金額と同額を会社が支払います。法人にする場合は、その分を会社として支払う必要があります。

また、国民年金は、60歳になるまでが支払期間ですが、厚生年金は70歳までは働いている期間支払う必要があります。もちろん、その分年金の受給額が積み上がっていきます。

所得税と地方税の計算方法もよく理解しておく必要があります。具体的には、給与収入の場合は、控除額が決まっていますが、個人事業主の場合は、収入（売上）から経費を引いたものが所得となり、それに対して所得税がかかります。

とても紙面が足りません。ぜひネットで調べてみてください。いずれにしても、法人の場合は、自分の給与（税金、社会保険などを計算します）処理はもちろん、会社としての税金・社会保険に関する事務処理が必要になります。

お金の管理はきちんとする

法人を設立した場合は、例えば株式会社の場合、決算報告書の作成が義務づけられますので、自分でやるにはちょっとハードルが高いですし、そもそもそういうことは税理士の方にお願いして自分の時間は売上を上げるほうに使うべきです。

個人事業主の場合は、確定申告をするのですが、その時期になって1年間の領収書を整理する方も見受けられます。しかし、それは絶対にやめましょう。絶えずお金の流れを把握して、対策を打ち続けることが事業だからです。

今は、クラウドサービスで会計処理が簡単に行えますので、ぜひ活用しましょう。見積書も請求書もクラウドサービスを活用できます。

大切なことは、特に個人事業主の場合に、個人のお金と事業のお金をきちんと分けて管理することです。事業としてのお金の流れを正しく把握できなければ、事業の発展も継続も怪しいものになります。

小さくても事業運営

小さくても事業として考えなければならないことは同じです。法人であれ、個人事業主であれ、1人起業の場合は、事業のお金と生活のお金の両方で考えるという点がポイントです。

従業員がいる場合、代表としては、従業員の給与や福利厚生を考えなければなりません。しかし、1人起業の場合は、事業と生活の両方を合わせて自分都合で考えることができます。無理せず、進めていきましょう。

しかし、繰り返しますが、事業を展開して継続するための事業運営の基本は同じです。その点、会社経験のある50代にとっては、その経験が活かせます。一方で、会社員であるがゆえに、運営のすべてについての経験はありません。

まずは小さく始めて、運営の基本を築きながら、提供するサービスの価値を高め、販売経路をつくっていくとよいと思います。

自分のものとして育てられる

もう1つ重要な点があります。会社勤めの場合は、担当する仕事が変わります。それによって給料と自分の成長を得ることができますが、担当した仕事が自分の手元に残るわけではありません。

しかし、自分で事業をすれば、自分のものとして育てていくことができます。ぜひ、大切にじっくり育てていきましょう。定年は、ありません。

2　1人起業で他と連携する

まずは仕組みをつくる

まずは、事業をしていく上での仕組みをつくることです。1人起業の場合には、最初は、なるべく支出をおさえることと、感覚をつかむために、できるだけ自分でやって全体感を把握したほうがよいと思います。これで始めてみたけれども見直した、ということはよく見られます。やってみて、早めに軌道修正することも必要です。

今は様々なサービスがネット上で提供されています。ご存知のように、たいがいは無料プランがあったりします。それらは、ぜひ活用しましょう。例えば、会計処理、見積書・請求書・領収書、イベント管理（セミナー申込みなど）、クレジットカード支払い（決済）、お問合せフォーム、プロジェクト管理、チャットなどなど。

他にも、有料になりますが、電話代行、クラウドＦＡＸ、秘書代行などもありますし、拠点としてシェアオフィスも活用できます。いわゆる事務所を持つための経費を大幅に削減できます。

１人起業にとって自分の時間は最も大切です。自分の時間を何に使うか、成功はここにかかっています。したがって、起業する前に、例えば、お試しセミナーを開催してみるなどをして、実際にツールを試してみながら、自分にあった仕組みづくりを始めると、起業してからの負担が減ります。仕組みをつくるにしても時間がかかります。早めに備えておくと起業後の時間を短縮できます。

しょせん１人では限られている

１人起業だからといって、すべてを1人でやれるわけでもありません。法人の場合は、税理士に会計処理を委託します。売上が上がってきたら事務処理を委託するのもいいでしょう。

事業運営を、いわゆるビジネスチェーンに分けて、自分として注力すべきところを考えます。商品を開発して提供するだけではありません。営業が得意な人、宣伝が得意な人、経理が得意な人、様々ですね。そうしたときに、事業パートナーと連携することを考えます。

今までの経験を活かして、自分として何の専門家になるか。その場合にどのような連携が可能なのかを考えます。

私の場合

私の場合は、商品開発に焦点を当てています。

もちろん、営業をしないことには始まらないのですが、営業と商品開発を他と連携するという視点で捉えました。

研修講師は、研修会社と講師という関係性で一緒にお客様へサービスを提供するという形態もあります。

そう考えれば、研修会社は、お客様との接点で、ご要望を伺って研修を提案する企画と営業の部署と捉えられます。私は、研修という商品を開発して提供する部署と言えます。

振り返ってみれば、私はエンジニアであり、半導体という商品を開発してきました。やはり営業には向いていませんし、商品を開発するのが合っているわけです。取り扱うものは全然違いますが、向き不向きがあります。

まずは自立する

連携するためには、自立している必要があります。

きちんと仕事ができる相手でなければ、連携するわけにはいかないからです。ここに、起業の難しさがあります。会社（組織）の場合は、雇われて、先輩に教えてもらいながら、早く仕事に慣れてくださいねから始まります。しかも、その時点から給料をもらえます。

しかし、自分で事業をする場合は、そうはいきません。仕事をいただく場合には、その時点で期待に応えるサービスを提供できなければなりません。

そのため、仕事をいただく前に、どうしたら自信を持ってサービスを提供できるレベルになれるか、その方法を考える必要があります。それには、どうやって修行を積むか、その場所を見つけることが先決です。

他との連携で可能性を大きく広げる

修行を積み、1人立ちできれば、その後は楽しみですね。様々な連携をすることで、大きな事業にもパートナーとして参加できます。1人起業だから小さい仕事だけ、とは限りません。

事業を育てることは、自分を育てることでもあり、パートナーと一緒に大きな夢を持つことだってできます。もちろん、どの程度の規模を目指すのか、あなた自身のこれからの生き方から決めていくことができます。

そのためにも自分を発信しておく

他と連携する機会を得るためにも、自分は何をしたいのか、何ができるのか、どんなことをしてきたのか、常々発信しておくことが必要です。

そのためにも、ホームページがあると見てもらいやすいのですが、事業を始めるまではブログでもよいと思います。

ブログの場合、該当する記事を探すのは大変ですが、プロフィール等で工夫できます。最初から完璧を目指さずに、やりながら、整理しながら、更新していくのがよいと思います。段々と、自分の目指す姿がはっきりしてきます。

3 事業が継続できるということ

黒字でも倒産する

赤字でも潰れない会社がありますし、黒字でも廃業（倒産）する会社があります。共通する要素は何でしょう。

赤字でも潰れない会社は、銀行口座にお金がなくなる前に、お金を調達できるからです。銀行から融資してもらう、上場している会社であれば株を発行して買ってくれる人がいるということです。なぜ、お金を調達できるかと言えば、先々黒字になると期待される、あるいは信用されているからです。

黒字でも潰れる会社は、事業を回しているとキャッシュフローとして借金が必要になることがあります。年度として黒字が見込まれているとしても、売上金が入る時期と支払時期の関係で一時的に銀行口座からお金がなくなることがあるからです。その間、借金をすること自体は健全なことなのですが、黒字計画に疑問があったり、先々が見込めなかったりする場合には、お金を貸してくれる人がいないことがあります。そうすると破産することにつながります。

信用されること

つまりは、信用されるかどうかです。

もう1つは、共感を得られるということがあります。別の言い方をすれば、応援したくなるということです。

信用は、実績で示せないと難しいですが、会社での経験を活かせるものは、相手に伝わるように整理しておきましょう。これから進めていく事業に対して、つながっていると信用につながります。

しかし、過去の経験がこれからの事業が役に立つといっても、今そのサービスが期待されるものとして提供されるという保証が感じられなければ、実績が出てきたら…ということになります。

実績が示せないときに、応援したくなると話が進むことがあります。一緒にやってみましょうという人が現れるかもしれません。

信用を示せるようにすることと、共感が得られるように志を示すことが、事業を始めるにしても継続するにしても大切です。

そもそも自分を信じられること

他の人から信用を得る、共感を得る、それと同時に自分自身が納得できることが大切ですね。自分を信じることができる、つまり自信を持てる内容であることが大切です。

いろいろな要因はありますが、自分を信じることができれば、困難はあっても継続しようと何とかするものです。自分が諦めたときに事業が終わると肝に銘じましょう。

4　時代が求めていることに貢献する

それは時代が求めているものか

自分がやりたいと思っていることは、時代が求めていることでしょうか。何も多くの人が求めていることでなくとも、困っている人、あると嬉しい人が具体的に記述できるぐらいになっていると、どんなサービスを始めたらよいか具体化しやすくなります。

サービスを提供する対象はできるだけ絞るというのは、基本です。しかし、大きな流れとして時代が求めているものかどうかを、大きく捉えてみるとよいと思います。

すでにブームになっているものは難しい

小さな1人起業にとって、すでにブームになっているものに新規参入するのは難しいです。ブームで人手が足りない場合は、もちろん仕事を取ることはできると思いますが、安く使われてしまうことがあります。一般に急成長期には市場価格がどんどん下がります。

事業規模の大きさが勝敗を分けます。

特徴を出せるか

巨大企業が市場を制覇する中で、とはいえ大量消費の時代ではなくなっています。価値観が多様化していますので、手づくり感や、つくり手の顔が見えるとか、自然志向など、むしろ小規模だからこそ喜ばれることがあります。

特徴のあるサービスを出せると、それに反応する人がいるかもしれません。特徴の1つに、あなたの人柄を打ち出せるかもしれません。この人から買いたいというのは1人起業にとって大事なポイントになります。

マーケティングをする中で、考えるポイントの1つに、「USP (Unique Selling Proposition)」があります。〝独自の強み〟と言われます。

しかし、これだと自分視点に陥りそうです。他社にない強みとすると、競合他社の視点が入りますが、だから何ということもあるかもしれません。誰にとって「これだ」と思ってもらえるかであり、それが独自の強みであり、他社にないとなれば完璧ですね。

もう1つのフレームワークである「3C分析（顧客、競合他社、自社）」をして、そこからあなたが提供するサービスのＵＳＰを見つけてください。

顔が見えるからこそ、志

小さな1人起業の場合、お客様にとって顔が見える存在ですから、その人の志や人柄に惹かれる要素が高くなります。ぜひ、相手に伝わるように端的な言葉にしておいてください。時代が求めるキーワードにつながっていると響きやすいですね。

5　自分の資産を活かす

方向性から活かせるものを結びつける

時代が求めていること、自分の心が動く対象が見えてきたら、自分として活かせるものを結びつけてみましょう。たくさんあるはずです。「私はたいしたことがない」なんて言わず、ぜひたくさん書き出してみてください。

活かせそうなこと、あるいは活かしたいことがあったら、それをさらに磨いていきましょう。

逆もある

自分が持っているもので何ができそうかを考えるアプローチもあります。自分として活かせそうなことを、できるだけたくさん書き出しましょう。

それらを眺めながら、できそうなことを考えます。ひょっとしてというレベルでよいので、たくさんアイデアを出してみてください。

すぐに見つかるわけではありませんが、活かせそうなことを意識することで、ふと気づくときがやってきます。第2章でお伝えした、意識をすると見えるという脳の働きがあります。

他人のほうが気づくことがある

とはいえ、自分のよさは自分ではなかなか気づかないものです。他の人の力を借りましょう。

「実は、こんなことをしたいと思っていたのだけれども、私に合っているかなあ」と聞いてみましょう。

ジョハリの窓（心理学者ジョセフ・ルフトとハリ・インガムが提唱）という心理モデルにもあります。自分では気づいていないが、他者は知っている「盲点の窓」です。

ポータブルスキルに着目する

50代ともなれば、様々な能力を保有しているものです。

専門性だけではなく、第3章でご紹介したポータブルスキルの対人能力・対課題能力・対自分能力に分けて棚卸をしてみましょう。

6　これからの生き方から働き方を考える

これからの自分の生き方に指針を与える

時代が求める貢献のしどころと、活かせそうな自分の資産（能力、経験、知識、人脈など）の関係性を考えたら、自分自身としてこれからの生き方を改めて考えてみましょう。

のんびり、ゆっくりと過ごそうと思っていたのに、いつの間にか忙しくなりそうな計画になっていたりします。

あるいは、年金を考えたらある程度稼がないといけないと思っていたのに、社会貢献のほうに考えが変わっているかもしれません。

もちろん、こうして考えているうちに、より大切なことに気づいたのかもしれません。私もそうでした。

ここで、改めて、これからの自分の生き方に指針を与えることを言葉として書いておきましょう。

1年後、2年後と見直しができるように、ノートに書いておくことをおすすめします。

後で、より大切なことに気づく場合もありますし、初心を忘れていることもあります。何を指針としているのか、忘れないように、いつの間にか進路が変わらないようにしたいものです。あるいは、進路を変えるためにも大切です。

何を大切にして働くのか

せっかく、自分としての働き方を決めるわけです。これからの生き方としての指針を決めて、働き方を決めましょう。

それから、それにふさわしいことを具体的に考えます。目的と手段を間違えないようにしましょう。生き方の指針は、自分で考えて書くことができますが、手段として何をするかに関しては調べないことにはわかりません。

視野を広げて考える

改めてお伝えしたいのは、ぜひここで視野を広げる行動を取る大切さです。ずっと会社（組織）で働いていると、案外狭い世界しか見ていないものです。人は自分の関心のあるものしか見えないと言いました。目には入るものの脳まで到達しないのです。

第4章に記した外に出てみることが役に立つと思います。その前に、本をざっと見てみるのも効果的です。

ざっと見ると書きました。例えば、書店で普段立ち寄らないコーナーへ行って、ざっと背表紙を見てみる。気になるタイトルに出会ったら、そこで手にとって表紙を眺め、目次を見てみる。発見があるものです。したいことを見つけるのではなく、心が動くものを発見してみましょう。そこにヒントがあるかもしれません。

図書館で、歩き回って、手に取ってみるのもいいですね。ネットで探すよりもはるかに効果的だと思います。

7　自分のありたい姿をイメージする

ＧＲＯＷモデルが教えてくれること

ここで、一流のアスリートが受けている方法として、コーチング（Coaching）の基本となるＧＲＯＷモデルをご紹介しておきます。スポーツの世界から始まり、海外では経営者なども積極的にコーチングを受けています。

Goal＝目標、Reality＝現状認識、Options＝行動の選択肢、Will＝自分の決断の頭文字を取って成長のＧＲＯＷにかけています。

教えることをティーチング（Teaching）と言いますね。コーチングは違います。目標設定も、現状をどう捉えるのかも、どの行動を選択するかも、自分で考え自分で決めます。コーチは、それを促し、支援する存在です。自分で考え、自分で決める。だから、自分で行動し、よりよいパフォーマンスを出せるという考え方です。

そのために寄り添うようなコーチが必要なのは、それだけ自分で考えて、決めて、行動するのが難しいからです。

ここでは、自分で考え、決めて、行動することの大切さをお伝えしておきたいと思います。自分の生き方です、そのための働き方です。自分で決めましょう。

そして、自分だけで考えこまずに、他人の力を借りましょう。

そもそも問題とは何だったか

問題とは、あるべき姿と現実との差でした。

自分のこれからのことですから、「ありたい姿」という言葉に変えました。そして、先ほどのGROWモデルの「Goal目標」も、「ありたい姿」に変えて考えましょう。

もちろん、ありたい姿に向かって具体化していくときには、目標に切り替えて、具体的な行動に落とし込んでいくのがよいですね。

さて、そもそもの問題は何だったのでしょうか。

第1章で、不安という漠然としたものから、課題を設定して解決していくためには、問題を書き出してみることが必要で、そのためには「ありたい姿」を決める必要があるとお伝えしました。

いかがでしょう。

第2章から第4章まで、自分のありたい姿を見つける旅をして、納得のいくありたい姿を見つけてください。

焦ることはありません。むしろ、それまでは起業することを待ちましょう。

ケーススタディをしてみる

本章で、時代が求める貢献のしどころ、活かせそうな自分の資産、そしてこれからの自分の生き方から働き方を考えてみました。

ここで、ケーススタディをしてみるのもよいと思います。GROWモデルで言えば、選択肢をいくつか具体的に考えてみることに相当します。

いくつかのケースに分けて、それぞれ考えてみましょう。1つに絞って検討を進めてしまうと、思込みや見逃しがあるものです。比較検討することで、より正しく捉えることができます。

夢として膨らましてみることも大切ですし、現実的なリスクや成約条件と向き合うことも大切です。夢ケース、安全ケース、その中間のケースと3つの振れ幅があると比較しやすいと思います。

8　これからの自分のために力をつける

自分の資産が見えるようにする

ケーススタディをしてみると、具体的になってきます。それぞれのケースで、活用できる自分の資産を書き出してみるとよいと思います。関連づけることで、より具体的になっていきます。活かせそうな能力、経験、知識、人脈、人柄など、項目を分けると書き出しやすいと思います。

いかがでしょうか。ケーススタディではありますが、やりたいことを具体化することで、そこで活用できそうな資産を確認しやすくなりますので、ぜひ取り組んでみてください。

必要となる資産を具体化する

そして、これから必要になることも見えてきます。人柄のところは変えるのは難しいとしても、「能力、経験、知識、人脈」のところは、これからの努力次第ですね。

まずは知識ですが、経験を増やす方法を具体化したり、そのためにも人脈を増やす具体的な方法を考えたり、やることはたくさん出てきそうです。

やりながらわかってくることもありますので、増やしていく資産をリスト化しておくとメンテナンスしやすいですし、何よりも成長していく自分がわかって、モチベーションも上がってきます。

具体的に行動を積み重ねていくことで、能力がついてきます。

繰返しになりますが、ぜひ起業する前にこれからのための資産を蓄えてください。

1つひとつ無理せずに

仕事で忙しい身ですから、焦らずに1つひとつやっていきましょう。どんな仕事をするにも必要なポータブルスキルに関しては、今の仕事をしながら身につけていくことができますので、改善点をリスト化して、1つひとつ課題を設定して取り組んでいきましょう。

何度もお伝えしていますが、変えていくための行動は負担になります。ぜひ、スモールステップで小さく進めてください。変えるための行動が日常的に感じられるようになったら、課題の大きさや項目を増やしても大丈夫です。

達成感を味わいながら進めることが、継続につながり、達成度合いを上げます。そのためには、リスト化して、進捗具体が見えるようにしておくといいですね。ぜひ、1冊のノートに、今までのことをまとめておくことをおすすめします。1冊にまとまっていると、いつでもすぐに眺めて考えることができます。

9　起業するために準備すること

あれもこれも時間がかかる

本章では、起業する前に準備しておくとよいことを書いてきました。私自身のことを振り返ってみれば、多少は準備を心がけたものの、実際には、会社を離れ会社を設立してから、あれこれと気づいたことです。一冊の本になっていたらよかったのになあと思いました。

会社設立の手続、会社としての税金・社会保険、個人としての税金・社会保険、もちろん大切です。しかし、それと共に、自分が取り組みたいことの見つけ方、キャリアの考え方も大切です。

そして、実行していくためには、自己マネジメントの方法が重要になってきます。忙しい中で、行動しなければ前に進みません。

そんなあれやこれやを会社を離れてからするのでは、時間がかかってしまいます。つまり、自分で稼ぎ出せるまでに時間がかかるということは、その間お金がどんどん減っていくということです。これは、私自身の反省からのことです。

あれもこれもありますので、整理して、会社を離れる前にやれることは、できるだけやっておきましょう。

1冊のノートが未来の自分をつくる

あれもこれもが散らばっていると、全体感がつかめません。1冊のノートを用意しましょう。すでに用意して、書き進めていらっしゃるかもしれません。いろいろありますので、項目を挙げておいて、順番にとらわれ過ぎずに進めていきましょう。やっていくうちに、進み具合がつかめてきます。

ただし、重要なことがあります。いつ起業するか、日程を書いておきましょう。ちゃんと年月日まで入れておくと脳は反応します。期限を設定して、逆算して、今やることをどんどん決めていきます。そうでないと、いつの間にか年月が過ぎ、熱が冷めてくるかもしれません。

おすすめは、ノートの1ページ目に、起業の目標年月日だけを書いておきましょう。そして、次の見開きページに「ありたい姿」を描く場所にしましょう。絵を描いて表現してもいいし、私の場合はお手軽にネットからイメージに合う写真をいくつかダウンロードして、貼り付けています。そして、キーワードを書いておきましょう。

その次の見開きページには、起業する日までの大枠のスケジュールを書く場所にするとよいと思います。３年後ならば、横棒を引いて３つに分割して、途中の目標や工程表のような感じで描けるようにしましょう。

期限、ありたいイメージ図、そして大枠のスケジュール。日々眺めて、イメージを固めていきます。

その後のページには、本書でお伝えしてきた項目を参考にして、ご自身なりに項目をつくってください。

いつ起業するか、決まっていないから後で書くのではありません。書くから心が決まってくるのです。変更は、前に進めながら、そして見えてきたらすればよいのです。

10　ワーク：ノートを1冊買う

これからの自分の道を歩き始める大切な地図になります。1冊ノートを買いましょう。そして、1ページ目に、起業する日をご記入ください。先に書きましたが、えいっと、書くことで気持ちが設定されます。年だけではなく、月日と曜日まで書きましょう。これで、ノートを開く度に目に入ってくることになります。

後で修正可能です。しかし、消さないでください。きっと未来のあなたに何かを語りかけてくれるはずです。

第6章　普段の自分と違う何かに1歩を踏み出し、ワクワク人生をつかんだ人達の事例紹介

1　動機は様々

実際に起業した人達の事例をご紹介します。様々な6名の方にお願いしました。インタビュー形式で、6つの同じ質問にお答えいただいています。

言葉や表現方法は、できるだけオリジナルのままにしてあります。その人の思いが表現されていると思うからです。また、ホームページのURLを記載してありますので、ぜひご覧いただいて参考にしていただければと思います。

2　地域を元気に東京から地元へ戻った人

最初にご紹介するのは、東京で仕事も趣味も充実していた毎日から、価値観の変化が訪れ、家族と共に生まれ育った地へUターンした小林一成さんです。

仕事も一転して、農業を中心に、地域を元気にする活動にご夫婦で取り組んでいます。

今、どんなことをされていますか

農業＋地域づくりプランナーをしています。長野県の安曇野市という、北アルプスの麓に田園風景の広がる地域に暮らし、農業で、アスパラガスや生食トマト等の旬の味わいの濃い野菜を生産・直売等行いながら、これまでの経験や資格などを活かして、農業にかかわる方々の経営課題や対策を一緒に考えたり、まちづくり会議などに参画してアイデアを共有したりしています。

大学進学時に上京し、就職・結婚・子育てを東京でしていました。仕事は、金融系のシステム開発で、趣味の楽器演奏などにも取り組むなど、忙しいながらも充実した生活でしたが、2011年に東日本大震災を経験する中で、お金さえ出せば何でも揃う「消費中心型生活」への懸念がふつふつと湧き、人の繋がりを大切にする暮らしは大切ではないかと強く感じました。

地方から日本を元気にする一翼を担うことができればといった思いも持ちながら、実家のある安曇野へ家族でUターンし、就農し、野菜づくりの傍ら地域の仕事をしています。

なぜ起業しようと思いましたか

地域を元気にするためです。在京時代、経営診断の勉強をする中で出会った中小企業の社長さんが、「日本の元気の源は、地域の元気」と仰っていました。そのときはそれほど気に留めていなかったのですが、インターネットで容易にいろんな情報を得られる時代にあり、大都市と地方（＝田舎）の格差は開く一方で、日本の田舎は活気を失っている現状を目の当たりにする機会がありました。

都会にいて、社員数も多い企業にいては、何も変わらない、自分の代わりが大勢いる大きな企業ではなく、自分にしかできないことにチャレンジするのも、自分の人生を生きるという選択肢ではないかと思うようになりました。

そして、いろいろ検討する中で、地方を元気にする仕事ができないか、地方に移り住み、新しい仕事をつくる意気込みで取り組んでみるのもよかろう、そう考えるようになりました。

地方での一番の基盤産業は農業。高齢化、後継者不在、耕作放棄地の増加と、アゲインストの風も強く吹いている農業ですが、逆に、農業を通じて活性化が実現できれば、地域への波及効果は大きいだろうと考え、農業での起業を思い立ちました。

どんな不安がありましたか

経験がないこと、環境を変えることそのものへの不安です。

生まれ育った地へのUターンというと、すべて基盤が整っていて、やるだけと思われる方も多くいらっしゃいますが、実際は、いろんなギャップがあり、本当に対処できるのか不安だらけでした。

仕事も今までと180度転換した農業。家族を伴って移住してうまくやっていけるのか（親と同居してうまくやっていけるか。妻は都会からの移住で適応できるか。子どもは保育園→学校に適応できるのか、等）、地域の中で受け入れてもらえるのか、すべてが不安でした。

それを克服できたのはどんなことがあったからですか

実際に移住する前に、数年かけて徐々に準備していったことがよかったかと思います。

東京と実家のある安曇野を行き来する回数を増やしながら、先進農家で農作業の体験をさせていただく機会を設けたり、家族が環境に徐々に慣れていけるように工夫したり、親や地域の方々との関係も徐々に構築していきました。

また、中小企業診断士の資格を取ったのもこの頃です。

農業や地域での経験を積み重ねながら、また移住に関して様々な人に意見やアドバイスを求めたりしながら、自分の置かれている状況や目指す姿などもなるべく具体的に書き出して、準備を進めることで、不安を軽くすることができたように思います。

また、妻の理解と協力を得られたことが一番の克服要因であったことは間違いありません。

今、どんなお気持ちですか

「毎日新鮮な気持ち」です。

東京のサラリーマン時代とは、時間やお金の使い方も全く異なります。都会での生活にはなかった地域との繋がりや、農産物を媒介した人との交流もあります。

地元の非農家の子育て世帯にも声をかけて、収穫物の一部を謝礼に、例えば玉ねぎの収穫やお米の稲刈り・脱穀等を手伝ってもらったり、餅つきや伝統食づくりなど、季節ごとの交流会を行ったりもしています。

つくった農産物は、ＪＡや地元農産物直売所等での販売も行いますが、年間を通してダイレクトに個人宅等に配送する仕組みも構築しています。消費者の方の直接の声が、とても励みになり、また実際に安曇野を訪れてくれる方もいるといった交流に発展しています。

農産物の生産は、毎年の天候不順や生産品質の向上など、課題もたくさんありますが、頑張ったなりの成果があり、面白いと思います。

また、地域の課題も見えてきました。地方では人の繋がりが強いと思って移住したのですが、実際は、挨拶できない大人や子どもが増え、外で遊ぶ子ども達も少ない。人口減少、少子高齢化、耕作放棄地の増加等に加えて、温かみのある地域社会が失われている危機感など、地方の「都会化＝付合いの希薄化」とでもいう事態を感じます。

課題もたくさんありますが、地域を元気にすることを通して、日本を元気にしたいという思いを胸に刻みながら、この地域に根を下ろし、歩んでいこう、そんな感じです。

振り返ってみて新しい道へ進むために必要なことはどんなことだと思いますか

「向かう勇気、捨てる勇気」です。

人生100年時代において、50代は中間点でしかない。社会での経験もある年代なので、健康に気をつけて、ここから自分を活かしていくことを考えるべきではないかと思います。パラレルキャリアを持つことをおすすめしたいです。

会社＝仕事だけをこなせばよいのではなく、勉強、資格取得、趣味、ボランティアなど、興味を持ったことにどんどん取り組むことは大切です。役に立つかどうかということでなく、何か面白いこと、それまでの自分が経験したことのない何かを得られるかもと、前向きに楽しめたらいいと思います。それがどこかでつながったり、ヒントになったりすることもあるかもしれません。

「自己責任」というと窮屈になってしまいますが、1度きりの人生、自分のことは自分で考えて答えを出していっていけたらと思います。周りと同じことをしていてよい時代は終わっていますので、自ら考えて動く、そういう時代を生きてください。

●小林さんの活動をご覧いただけます。

「あづみ野小林農園について」https://www.sunnydayazumino.com/azuminonouen.html

3　子育てしながら起業した人

次にご紹介するのは、子育てしながら友人と起業した藤井信子さんです。
インタビューの中にありますが、会社勤めを経験し、退社していわゆる専業主婦になり、子育てをしていく中で、「社会に出たい、仕事をしたい」「でも、子育てをしながら雇用されるのは難しい」と思う方もいらっしゃると思います。さて、どのように踏み出したのでしょうか。

今、どんなことをされていますか

横浜を拠点にした女性のみのデザインスタジオ「オフィスジータ合同会社」を運営しています。オフィスジータでは、ホームページ制作、グラフィックデザイン制作、セミナー講師派遣を行っています。９年前に、元デザイナーのママ友と２人で個人事業としてホームページ制作業を開始し、１年前に法人化いたしました。今では２人のパートナーも加わり、４人の女性（デザイナー２人、プログラマー２人）で仕事をしています。

なぜ起業しようと思いましたか

元々、ソニー株式会社でエンジニアをしていましたが、夫の海外留学に同行するために退職し、帰国後、専業主婦になりました。２人の小さな子供を育てながらも、仕事をしたいと思っていました。

小さな子供２人を抱え、企業で残業の多い技術職に就くのは厳しいと考え、自宅での作業が可能で、今までのＰＣスキルを活かせる仕事として、ホームページ制作作業をスタート。

当時は、とにかく「何でもいいから仕事がしたい！　社会に出たい！」という強い気持ちがあったので、すぐに仕事が始められること、開業資金がかからないこと、自分たちができそうな仕事ということでホームページ制作作業を選び、あまり業種にこだわりはありませんでした。

どんな不安がありましたか

事業を始めた当初は、一緒に起業した友人とともに人脈も実績も資金もゼロの専業主婦からのスタートでしたので、ホームページ制作作業が私たちの仕事として成り立つのか？　仕事を依頼してくれるクライアントさんがいるのか？　一体どうやってクライアントさんを見つけたらいいのか？という不安（と言うより疑問）がありました。

ただ、私も友人も夫の扶養のもとで生活できているという状態でしたので、失敗しても自分達の時間を失うだけという状態で、そこまで切羽詰まった不安はありませんでした。

それを克服できたのはどんなことがあったからですか

できるだけ安い金額で（最初の頃はほぼ無料で）知合いのホームページ制作を請け負って、安価な仕事を重ねることによってスキルをつけていきました。

スキルが溜まるにつれ、クライアントさんも増えました。また、スキルが溜まるにつれ、自分たちのホームページも充実させ、ホームページ経由での依頼がどんどん増えていきました。

自社のホームページが集客してくれるので、営業にパワーを注ぐ必要がなかったのはラッキーだったと思います。

起業したてで依頼が来ない場合、何が悪いかわからないことで不安が募りますが、そんなとき、低価格で商品を提供してみて反応を見るという方法は、まずはその仕事が市場に受け入れられるのかどうかということを知る上で有効だと思います。

今、どんなお気持ちですか

あまり深く考えず、一緒に起業した友人と、「とりあえず始めてみよう！」ということで起業しましたが、あのとき、起業することを決心して本当によかったと思っています。

自分たちで育てた事業は、人との出会い、仕事スキルの向上、新しい業種の仕事など、たくさんの扉を開いてくれ、この10年の人生を豊かに鮮やかに彩ってくれました。

10年前の自分は、会社を立ち上げることは微塵も考えていなかったので、今もなお、仕事を続けている自分に少し不思議な気持ちです。

また、友人と2人で始めることができたのは、本当に心強く、法人化した今もなお一緒に仕事を続けてくれている友人に感謝しています。

振り返ってみて、新しい道へ進むために必要なことはどんなことだと思いますか

仕事を始めてから何度か、友人に、『資格は持っているの?』と聞かれました。私は、ホームページ制作の資格は何も持っていません。

一緒に働いているデザイナーも、ホームページ制作のことはすべて独学で学びました。仕事を始めようと思った次の日から、自分たちのホームページをつくり始めました。「ホームページ制作を始めるからまずはウェブの専門学校に行って、資格を取って…」などしていたら、今の自分はなかったと思います。

とにかく起業しようと思ったら、「すぐやること」。タイミングを待たず、まずは始める。とにかく、何でもいいから自分の得意なところで1歩進めてみる、仕事をしながら勉強する、準備は最低限にして、低価格で商品を提供してみて、市場の反応を見ることをおすすめしたいと思います。

実は、私たちも、ホームページ制作業を始める前に、「事務処理代行業」でスタートしたのですが、格安で提供したにもかかわらず1人もお客さんが来ませんでした。

そこで、数か月でホームページ制作業に方向転換。ここで、あまりにも用意周到に準備していたら、新業種への方向転換は難しかったと思います。

起業してわかることは、本当にたくさんあります。私は、営業という仕事をしたことがなかった

ので、見積書・請求書のつくり方もわからず、最初の頃はクライアントさんに間違いを指摘されたりしていました。わからないことは、仕事をやりながら覚えればいい、うまくいかなければ軌道修正すればいいと思うのです。

「起業時どんな不安があったか」という項目でも書きましたが、私も友人も夫の扶養のもとで生活できているという状態での起業でしたので、あまり切迫感はありませんでした。

一般的に、起業直後から収益を出すのは難しいことが多いので、ほとんどの人は収入を得るようになるまである程度の時間がかかります。

そういう意味でも切迫感のない状態で、例えば、定年後に起業を考えている方は定年前に、仕事を辞めて起業を考えている方は辞職前に、とにかく小さく起業してしまうということが先々のリスクを軽減できると思います。

●藤井信子さんのオフィスジータホームページは、こちらです。https://office-gita.com/

4　自分のミッションに目覚めた人

次にご紹介するのは、兼業としてスタートした大村信夫さんです。

自称ダメダメサラリーマンだった大村さんが、あるとき目覚めます。そして、「片づけパパ」として活動するうちに、人生の整え方へと発展し、それを広めるミッションを持つに至ります。

そこで考えたのが、その活動をどのように進めるかということでした。

現在は、今までの仕事もやりながら、兼業という形で取り組んでいらっしゃいます。どんどん活動範囲が広がり、もともとの仕事への相乗効果も感じていらっしゃるようです。

今、どんなことをされていますか

個人や企業向けのワークショップの企画と講師をしています。

ワークショップのテーマは、大きく次の３つがあります。

・その１　片づけを切り口にしたワークショップ
・その２　価値観を切り口にしたワークショップ
・その３　パラレルキャリアを切り口にしたワークショップ

それぞれ資格を取得しただけでなく、自らの経験を踏まえた実践的で独自なメソッドに落とし込んでいます。

なぜ起業しようと思いましたか

自分のやりたいことが会社の枠組みの中ではできないことから、外で活動を始めました。もちろん、会社の仕事もやりがいのあるものなので、平行してやるために兼業申請をしました。

会社は、兼業に理解を示してくれただけでなく、外部でのワークショップを社内でも展開して欲しいと言ってくれたため、現在は自分の会社でもワークショップを開催するようになりました。まさに兼業が本業に直接活きています。

また、会社には、必ず卒業があります。会社をやめてからの長い人生を充実させて過ごしたいと思ったのと、そのための具体的な活動を見つけ、収入のめどを立てるには、一朝一夕には厳しいと思い、40歳過ぎで活動するようになりました。

どんな不安がありましたか

まずは本業との両立。そして子育て、家事との両立です。

なぜ不安なのかと自問自答すると、そこから導き出せるのは、圧倒的に時間が足りないという現実でした。

また、しっかりとマネタイズ（収益化を図ること）ができるかですが、現状は月によってはまだ収益よりも経費が上回る状況ではありますが、徐々に手答えが出始めました。

それを克服できたのは、どんなことがあったからですか

収入に関しては、本業であるサラリーマンの収入があるということです。この状況は、非常に恵まれています。本業で収入があれば、副業で収入が少なくてものしのげます。

また、家族の理解、協力は、非常に重要です。理解が得られていれば、問題が発生したとしても乗り越えられます。

そして、圧倒的に時間が足りないことに関しては、やはり捻出しなければなりません。私の場合は、まずはお酒をやめました。それにより、接待などの飲み会の後でも自分の時間を確保できるようになりました。飲むとその後仕事は難しいですよね（笑）。

今、どんなお気持ちですか

毎日忙しいですが、とても充足感があります。

パラレルキャリアを始めて本当によかったと思います。

振り返ってみて、新しい道へ進むために必要なことはどんなことだと思いますか

ドラッカーの言葉に次のようなものがあります。

「私が13歳のとき、宗教の先生が、何によって憶えられたいかねと聞いた。誰も答えられなかった。すると、今答えられると思って聞いたわけではない。でも、50になっても答えられなければ、人生を無駄に過ごしたことになるよといった」（ドラッカー名著集『非営利組織の経営』）。

自分が人生において何を成し遂げたいのか（私はそれを使命と解釈しています）を見つけ、それに向けて行動をすることが一番必要なことだと思います。

それがあれば、困難に対しても立ち向かっていける。そんな原動力になると思います。

●大村さんについて、活動内容も含めてホームページでご覧いただけます。

ホームページURL　https://omuranobuo.com　https://an-life.jp/portfolio/10

5　あえて兼業する人

次にご紹介するのは、自分の価値観とできることを実践しながらじっくりと確認するために、兼業という道を選択した文谷隆さんです。

ご自身の表現によれば「ショボいサラリーマン」で、自分の道が見つからないでいましたが、ある転機によってたった1年で激変します。その経験をもとに、パラレルキャリアのつくり方を伝えるセミナーを含めた幅広い活動を展開しています。

今、どんなことをされていますか

企業に勤めながら、会社をあえて辞めず、企業人と起業人と社会貢献活動のパラレルキャリアを自ら実践しています。

自分の本当の価値観の理解を通して、その価値観を活かす行動を自分で選択することが、「自分らしいありのままの生き方」であることを伝えるため、自身も「パラキャリ父さん」として、ワークショップをはじめとした活動を通し、この日本に1人でも多くの幸せな「パラキャリ父さん」を増やすことに奔走している52歳。家族3人と愛犬・チップと暮らしています。

具体的な「パラキャリ父さん」活動は、次のとおりです。

自分の本当の価値観に出会うワークショップである「価値観ババ抜き」、セミナーやイベント会場などでその場の講義内容をグラフィカルに可視化する「グラフィックレコーディング」の実践やそのやり方を教える「グラフィックレコーディングの講座」を開催する一方で、ＮＰＯ団体の組織課題を解決する社会貢献活動「プロボノ」においてプロジェクトの基盤づくりを担うアカウントディレクターとしても活動しています。

このように「現業（企業人）」と、パラレルキャリア（起業人・社会活動家）としての「越境活動」を常に「自分の価値観」を意識しながら活動することで、自分の本当の「ポータブルスキル」を発見し、それをもとにして自身の本当にやりたいことを実現できるキャリア開発ができることをお伝えしたり、そのやり方についての具体的な個別アドバイスやコーチングを行ったりしています。

また、個人のパラレルキャリアをする上で必要な「自分の商品」となるオリジナルワークショップや講演に必要なストーリー型のプレゼンテーションのシナリオ構築や資料作成、個人ビジネスの具体的始め方だけでなく、プロボノなどの社会貢献活動の始め方についての個別コンサルティング・コーチングも行っています。

なぜ起業しようと思いましたか

私の27年の企業人としてのキャリアは、次のように波乱万丈でした。

・チャンスとばかりに飛び込んだ職種が自分に合わず、精神的に病み、精神安定剤・睡眠薬が手放せない毎日を10年過ごしたり。

・10年間に3回も会社から「戦力外通告」を受け、その度に、社内就職活動しながら社内の部署を点々とする「キャリアの失われた10年」としての崖っぷち&流浪のサラリーマンキャリアだったり。

・気がつけば、「27年間の社歴」にもかかわらず、管理職へ1度も昇進することなく、年齢的にも役職に就く可能性を完全に失ったり。

・社内での確固たるスキルもないツギハギだらけの会社員キャリアとなった結果、子どもに誇れるような能力もない「ただのおじさん」となり、気がつけば次の年男で「定年」の二文字。

このように2年前のかつての私は、典型的な「ショボい」サラリーマン＝「ショボリーマン」で、しかも常に自分のありたい姿を追い求めながらも、それを手に入れることができないジレンマに陥っていました。

自分はいったい「何のために」働いているのか？

自分のこんなキャリアで、いったい「何ができるのか」？

自分の定年後に「自分らしくある場所」なんてないんじゃないのか？

そんな「ショボリーマン」な私に転機が訪れたのが、何の気なしに参加した「価値観ババ抜き」というワークショップでした。

このワークショップを通して、「自分自身が前からこだわっていたけど手に入らなかったこと」を手放し、その変わりに「自分が本当に求めていた価値観」に気づいたのです。

一方で、その価値観との出会いは、遠く昔に経験した両親との確執や、そこから生まれた「トラウマに似た辛い感情」と対峙しなければいけない苦しみもありましたが、その辛く苦しい気持ちを改めて、「感謝」を持って受け取ることにより、「自分は、このままでよかったんだ！」という深い自己肯定と自己理解を得るに至るだけでなく、価値観に基づく自分だけのオリジナルスキルを活かす方法も発見しました。

その後、たった1年で自身の活動の幅を広げ、現在の様々な活動の展開へとつなげることができました。

このような体験を通して、自分の本当の価値観に出会うことの大切さや、今までの「お金儲け主体」「お小遣稼ぎ」「会社を辞める前提」のサラリーマン起業支援、副業支援とはちょっと視点を変えて、あえて「会社を辞めない選択」をしながらも、「毎日の仕事を今まで以上に楽しみながら、さらに社外での活動も楽しむことって実はできるんだよ！」と伝える活動をしています。

そして、「もし会社を辞めて起業するなら、その社外の活動がきちんと育ってから改めて決めればいいじゃない!?」ということを、世の中にお伝えする。

さらに、「働くこと」について疑問を持っていたり、「自分の居場所を探している」方たちが、もっと自分らしく生き生きとしたライフキャリアになる行動を選択できるお手伝いをするだけでなく、自身の子どもたちにも「これからは、企業に就職、起業する以外にもいろいろな働く選択肢がある」ことを伝えたい思いがこうした活動につながっています。

どんな不安がありましたか

企業に勤めているときは、自分が会社の肩書に守られていたのですが、実際にはパラレルキャリアの活動を始めた際に、全く自分自身の認知度がなく、どうやって自分の価値を伝えればよいのか、また自分は本当に世の中に価値を提供できるに足る人材なのか？　そして、そんな自分にお金を払ってくれる人が果してているのか？　という漠然とした不安がありました。

それを克服できたのは、どんなことがあったからですか

パラレルキャリアをする目的を「お金稼ぎ」にせず、自分の価値観にそった行動が人々からの感謝につながっていることをまずは感謝して、その価値提供を続けていくことで、次第に収入につながっていくということを日々の活動から実感できるようになったからです。

つまり、ライスワーク（食べるための仕事）とライフワークという概念を捨てて、自分が働く意味が「自分の価値観から生まれる行動を他人にとってのプラスの価値に変換すること」と位置づけることで、自分自身のやっていることがすごく肯定的に意味づけできるようになりました。

今、どんなお気持ちですか

パラレルキャリアをしていくことで、自分のキャリアの可能性を広げるための「エンジン」と「燃料になるもの」の概念を見つけることができました。

そのおかげで、今は何をしていても「自分の楽しいこと」につなげたり、意味づけができたりと、毎日の生活に「充実感」「解放感」「幸福感」が満たされていて、常に感謝の念を想起しております。

振り返ってみて、新しい道へ進むために必要なことはどんなことだと思いますか

「自分への感謝」です。

自分の価値観は、常に成功体験から生まれるものではなく、「失敗・苦しみから逃れたい」という「負の気持ち」から形成されるケースがあります。だからこそ、自分の価値観に即した行動で、うまくいくケースと、逆に1歩踏み出せないケースがあるではと感じています。

なぜなら、私自身の価値観も、「失敗・苦しみから逃れたい」という体験から生まれた価値観であることを実感しているからです。

そこで、その価値観を「受け入れる」と考えずに、「今ここにいること」や、失敗は多々あったものの、「こうして今を生きている自分」ひっくるめた価値観に感謝することで、「自分はこれでいいんだ！」という深い自己肯定につなげられる結果、「新しい1歩を踏み出す自分」に許可を出したり、それができている自分にもう1度感謝したりすることで、また次の行動につながる連鎖を経て、今に至っていると感じております。

●文谷さんの活動をご覧いただけます。

「パラキャリ父さん　自分の価値観に沿ったパラレルキャリアの創り方」 https://para103.com/

6　主婦から自分の屋号を立ち上げた人

次にご紹介するのは、「箪笥に眠っている着物と帯をもっと普段使いして欲しい。誰もやらないなら自分がやる」と始めた岩村貴子さんです。

絹織物に魅せられ、縫うことに関しては、プロ。でも、事業の経験はない。諦めずに続けて今に至ったのはなぜでしょう。

今、どんなことをされていますか

「Ｋｉｍｏｎｏ帯Ｂａｇ 職人」―「ぬいもの屋個々」を営んでいます。

眠っている着物の帯と向き合い、日本伝統織物の文化を新しい形で持ち続けるご提案をし、１つしかない帯Ｂａｇをゆっくり・丁寧に・感謝しながらつくらせていただいています。

着物や帯に触れたり、また着物姿の方を見かけたりすると、不思議に人の心を和ませ、安らぎをもたらしてくれると感じます。正絹・金糸・銀糸で織られた文様には、季節、伝統、草花、生き物、風物といった日本の心が息づいています。

しかし、糸を紡ぎ、染め、織りあげた職人の技術・使われてきた材料は、時代とともに薄れ、消えつつあります。かつてと同じものをつくることができなくなっています。

着物を着る機会がなくなり、眠っている美しい日本の宝をどうやってこれからの時代に残していくか、毎日悩みながらも、日常に自分らしく洋服でも持てる帯Ｂａｇへと生まれ変わらせ、ほっこり笑顔になっていただけることが、帯が結んでくれたご縁と思い制作に励んでおります。

なぜ起業しようと思いましたか

「今眠っている帯をこれからの時代につなぐ」ことを目指しての起業です。

工業用ミシンを手に入れ、素材を「帯」と「革」にこだわり、つくり始めて4年間は、お値頃な小物をメインに、イベント出店で販売をしてきました。

場所柄もあり、表参道の青山アンティークマーケット、有楽町の国際フォーラム大江戸骨董市の出店では、３分の１が外国のお客様でした。帯の美しさだけでなく、見えないストーリーを想像して感じることへの付加価値を、日本人以上に世界の人々が注目してくださっていると実感しました。とても嬉しいことですね。

その一方で、多くの方のお困り事は、しまっている帯をどうしたらいいかのお悩みでした。

「思い出の詰まった帯だけど…」

「着物を着る機会がなくなってしまって…」

「譲ってもらってもどう保管したらいいのか…」

「買取りにお願いしたらダンボール１箱分で１，０００円だった…」

「収納できないから断捨離しようか…」

そんなお話を伺っているうちに、「家の帯でもお願いしたらこれと同じデザインでつくってもらえる？」と、そんなお客様の声にお答えして、オーダーを少しずつ受けるようになりました。

お預かりした大切な思い出の帯は、絶対に失敗が許されません。帯のリメイクはたやすいものではなく、織り方、保管状態とともに、時代によって糸・針・芯・縫製方法が全く違い、企業の協力を思案しましたが、工場での委託生産ができません。腕のいい縫製職人さん達にお願いしても、こんなに時間と手間のかかる作業は…と断られました。

ならば、「私がやるしかない！」とイベント出店での販売を経験し、多くの作品をつくり、お客様からお話を伺い、学ばせていただきました。

昨年からは、新たな道を進み、お客様と一緒に大切な思い出の詰まった帯や処分しようか迷われている帯とゆっくり向き合い、オーダーをメインに「1つしかない自分らしく持ち続ける帯Ｂａｇ」をこれからもつくり続けていこうと起業を決めました。

どんな不安がありましたか

私は縫うことに関してはプロですが、本当に仕事としてやっていけるのか？　苦手だと避けては通れない日常のＳＮＳ発信、個展のプロデュース（作品撮、広告宣伝、営業活動）、出来上がった作品の発送、会計事務作業、その他諸々…。

自分の知らない分野に関しては、まず調べて学ぶ必要があります。そのためには、人と人とのつながりが最も重要です。時に失敗や辛い思いもします。制作に時間や労力をとられ焦ります。

店舗を持たない自分が、お客様とじっくり打ち合わせ、納品後もお困り事を相談いただけるお付合いをするにはどうしたらいいのか？　個展なんてお客様が来てくれるのか？　妻・母・娘業の3役をやりながら、どうしたらやっていけるのか？　1人でやっていると迷い不安になることばかりです。


それを克服できたのは、どんなことがあったからですか

「笑顔エネルギー」です。

事業をしている古い友人から、悩む私をみかねてか「何かを始めたいと言いつつ、でも…やっぱり…と言い訳、甘え、安全だと思う道のことを考えているようじゃ大概は失敗に終わる。結局のところ覚悟が足りないんじゃないの？」と言われて、一気に扉が開き前に進むようになりました。

私の場合、お客様がどんなデザインにするか悩むとき、やっぱりこれにしますと決めたとき、仕上がった作品を手渡したときの表情を直接見ることのできる幸せなお仕事です。「ぬいもの屋個々」のお客様、応援してくださる方々の笑顔は、私を強くしてくれるエネルギーです。

今、どんなお気持ちですか

「ふふふ、幸せです」という気持ちです。

先にも触れた海外からの日本文化・伝統・美への注目は、これから益々増えていくことでしょう。まだ数点ですが、「ぬいもの屋個々」の作品が、世界の素敵な方々の元にお嫁入りして、眠っていた帯がまた注目されているかもと思うと、ドキドキします。

思い出の詰まった形見の帯を親族皆で使いたいと、ミニトートやポーチ、御朱印帳ケースなどにオーダーいただいたときは、お役に立てて本当に嬉しかったです。

自分がつくる作品を楽しみに待っていてくださる人がいる、応援してくれる人がいる、さらに学ぼうとすると人との出会いがあります。

とても幸せなことだと感謝の気持ちで一杯です。

振り返ってみて、新しい道へ進むために必要なことはどんなことだと思いますか

「健康・覚悟」です。

新しい道へ進む過程の9割は困難で、自分で決断しなければならない日々の繰返しです。そのためには、365日心も身体も（できるだけ）健康でなければ、どんなに頑張ってやってきたこともそこで止まってしまいます（若い頃のような気力と体力はありませんしね！）。

そして、私の場合は、時間をかけて準備し、作品に妥協はせず、出会いに感謝しながら帯Ｂａｇをつくり続ける覚悟を忘れないことが必要だと思っています。

●「ぬいもの屋個々」のホームページはこちらです。https://nuimonoyacoco.com/

7　好きなことをやると決めた人

最後にご紹介したいのは、「ぶらっと東京食べ歩き」を主催している藤井博英さんです。

会社を早期退職して気づいた「会社関係以外に知合いがいない」。ここから自分の道を見つけたのは、好きなことをやると決めたからではないでしょうか。

回数を重ねるごとに、輪が広がっていく藤井さんのツアー、どんな経緯だったのでしょうか。

今、どんなことをされていますか

東京都内で、街歩きとその周辺で美味しいものを食べるイベント、「ぶらっと東京食べ歩き」を開催しています。街歩きという趣味で集まった人たちが、「食」を楽しみながら仲間づくりをする、そんな「輪」づくりの応援をしています。

「輪」づくりの3つの「わ」とは、次のとおりです。
①（話）：散策しながら新しい街を発見、思わず会話もはずむ
②（和）：人に教えたくなるような食べ歩きやお店の食事で、和んでくる雰囲気
③（輪）：新たな仲間の「輪」が拡がる
これらをコーディネートしながら、工夫を凝らした楽しい企画で、ワクワク感を共有できる出会

いの場を提供したいと思っています。
お陰様で、2016年2月に始めてから現在まで、27回実施することができました。

なぜ起業しようと思いましたか

2014年末に会社を早期退職して、ふと気がつきました、「知合いがいない」…。約40年前の入社以来、私は会社以外の人と付き合うことがほとんどなく、休みの日も趣味のテニスやゴルフを会社関係の人たちと一緒にやっていました。その間、家族のこともほとんどほったらかしで、また、地元の知合いもゼロというような有様でした。

そうなると、私は、世の中で、突然「1人ぼっち」になった気分になり、まずは、知合いをつくることから始めようと思い立ち、たまたまインターネットで見つけた芳賀さん主催の「ネクストライフデザイン東京」や坂本龍馬や勝海舟の歴史の会、そして地域のコミュニティービジネス講座に通ったりして、いろいろな人と出会いました。

そんな中、今後、何をするかを考えて、まず、私は食べることが好きだったので、地域で皆が集まれる場所、カフェを開くことを検討しました。

当時、起業アドバイザーだった芳賀さんにも相談しましたが、なかなかよい顔をしてくれません。私自身が〝食〟には素人であり、この世界で継続していくことはかなり厳しいという現実がありました。もちろん、家族も大反対！　私は、もう1度冷静になって考え直し、お店の家賃など固定費の負担が大きく、将来を考えても継続することが困難との結論に達し、再検討することにしました。

基本に立ち返って何をするか…。大したものはないのですが、自分が持っている「ポテンシャル」「スキル」「やりたいと思う意思」などを棚卸しました。そして、再度、芳賀さんにも相談し、「好きなこと」「できること」「世の中にニーズがあること」の３つを条件とし、さらに、固定費をかけないでやれることをＭＵＳＴとして、自分に何ができるのかを考えてみました。

それから、日々、何ができるか、したいのかを考えながら散歩をしました。散歩は、昔から時間があればよくやっており、出張先でも初めての場所はよく歩いていました。

そんな中、知らない場所を歩くと、何やらワクワクすることに気がついたのです。そうか、こんな楽しみを他の人にも提供できないかと考えると、世の中には街歩きイベントは結構あり、でもそのほとんどは案内人が旗を持って先頭を歩き、大勢の人を前に一方的にしゃべっているようなものでした。

私は、それとは違って、少人数の参加者同士で、仲間づくりができるような雰囲気での散策、さらに、好きな「食」については食べ歩きと組み合わせ、最後にちょっと贅沢なランチを食べながら懇親会をやることで、そんな「出会いの場」を提供できるイベントを創ることにしました。

どんな不安がありましたか

お客様が集まってくれるだろうか、継続できるか、採算が合うかなど、不安は一杯、期待はちょっと、しかし妙にワクワク感はありました。

それを克服できたのは、どんなことがあったからですか

とにかく第1回目は、「龍馬が歩いた江戸を巡る」というテーマで、新富町から築地、最後は東京駅八重洲にある割烹で食事をする内容だったのですが、人が集まるのか心配でした。

私は退職後、いろいろな会に顔を出したおかげで、同年代の方だけでなく、年齢も違うような方たちにも知合いができていました。そこで、実際にお会いした人たちと、同じような悩みについてお互いの心の内を利害関係なく話し合ったり、現状や将来について助言をいただいたりしました。

それができたのは、中小企業診断士の方からすすめられて、facebookやブログを始めたことも大きかったです。会社にいるときはSNSには全く縁がなかったのですが、情報共有や発信には非常に有効なツールだということがわかりました。

そして、これらを活用して、私が第1回目のイベントを開催すると発信すると、何と会社以外で知り合った方たちが参加してくださったのです。また、その方たちが知合いに、「こんなイベントやっている人がいるよ」と紹介してくださり、徐々に「輪」が広がっていきました。

今、どんなお気持ちですか

会社を退職したとき感じた「孤独感」、まずはそこから脱するために始めたことが、少しずつですが実を結んできているように感じます。

まだまだ、採算ベースに乗っているわけでもなく、起業と言えるようなレベルではありませんが、

27回蓄積してきたものをさらに別の形で発展できるといいなと思っています。30回目には記念大会でもやろうと考えていますのでご期待ください（笑）。

振り返ってみて、新しい道へ進むために必要なことはどんなことだと思いますか

今、振り返ってみて思いつくのは「勇気」でしょうか。何もしないと知合いはできませんし、何もできてないでしょう。やはり、1歩踏み出す、ちょっとした「勇気」が大事なことだと思います。しかし、60歳近くなって新しいことを始めるのは、そう簡単なことではありません。それを押してくれたのは、「1人ぼっちは嫌だ！」という気持ちだったかもしれませんね。

●藤井さんの「ぶらっと東京食べ歩き　街発見くらぶ」のホームページはこちらです。

https://www.machi-hakken-club.com/

8　インタビューを終えて

いかがでしょうか。様々な6名の方々の動機と立上げの軌跡を感じていただけたと思います。

私自身、お付合いのある方々をより知る機会になりましたし、起業して継続している人達に共通することも感じました。

新しい道を進むのは、そもそも「どんな道があるのか」「それはどのようなものか」「どうすれば、そこに行けるのか」わからないことばかりです。

それを見つけるために必要なことは、やりたいという強い動機と、諦めない意志の強さです。

9　ワーク：発見した自分に活かせること

お読みいただいて感じたこと、気づいたことを、メモしておきましょう。そして、行動に移すことを、具体的に書きましょう。気づいたことを、行動するから、理解が深まります。

簡単なことからにしましょう。

関心をお持ちになった方のホームページを見てみる。自分のことに置き換えて考えてみる。やってみることをリスト化する、などです。

第7章　さあ、1歩を踏み出しましょう

1　起業とは限らない

自分らしい道へと踏み出す

いかがでしょうか。好きなこと、やってみたいこと、やらなければならないこと、様々な制約条件など、いろいろと頭の中に浮かんでくるからこそ、1冊のノートに書き出しながら、そして外に出て行動をしてみながら、自分らしい道を見つけてください。

自分らしい道を見つけるための旅というのも、楽しいものです。いつもの会社（組織）だけの自分の時間を少し広げて探してみると、思いがけないことを発見するものです。

起業に限りませんし、組織の1員としてのほうが自分らしさを発揮できることもあり、様々です。ぜひ、これからの自分らしい道へと踏み出す行動を始めてください。

行動を変えることでしか変化は起きない

本書では、将来への不安を減らすために、小さな行動から始めることをお伝えしてきました。行動することでわかってきます。それが不安を減らし、具体的な道を見つける唯一の方法だからです。行動を変えることで、変化が起きます。

ですから、行動に変化を起こすためには、小さく始めることを、そして変化を継続させるためには、朝5分の習慣化がポイントであることをお伝えしました。

今までにたくさんの仕事上の困難を経験してきた50代の方々にとって、それは当たり前のことだと思います。ぜひ、これからの自分らしい道のために、そのポータブルスキルを活かしてください。

あるとき、これからの道に対するキーワードを発見すると、一気に進み出すものです。

2　志を言葉として練り上げる

ドアを開けてくれる人と出会うために

新しい道に向けて、いくつかのドアがあるかもしれませんが、その1つのドアを開けてくれる人と出会うためには、あなたがどんな志を持ち、何を探しているのかを知ってもらう必要があります。そのためには、今までとは違う人達と会う機会をつくることと、そこで相手に伝わるように話す必要があります。

話したいことと、相手に伝わることとは違います。相手に伝わるように内容を考えておきましょう。

自分の志を練り上げることでもある

初めて会う人に、自分の思いを伝える。そのために、内容を考えておく。それは、自分自身のことをはっきりさせていく過程でもあります。頭の中で思っていることを、いざ相手に伝わるようにしようと思うと、なかなかうまくいかないものです。

この経験こそが、相手に伝わるようにする能力開発でもありますね。起業するなど新しいことを始めるためにも、必須のことになります。

3 個人名刺をつくって道を切り開く

個人名刺をつくると役に立つ

相手に伝えるために一押しでおすすめしていることがあります。個人名刺をつくることです。いやいや、まだ考えがまとまっていないからと言わないでください。何かを始めるならば、いずれ名刺は必要になります。

会社（組織）にいるときには、会社が名刺をつくってくれます。会社名と組織名が、あなたは何をする人かを伝えてくれます。しかし、会社を離れたとたんに、あなたを示してくれるものはなくなります。

会社という看板のない自分を、自分で紹介するためには、個人名刺をつくることが役に立ちます。名刺をつくる練習になりますし、自分を伝える練習になります。

その経験が、新しい自分を早くつくってくれます。そして、ドアを開けてくれる人と出会う可能性を高めてくれます。

つくるのは簡単です

名刺は、自宅のプリンターでも簡単につくれます。その場合は、切取線のない、縁がきれいに取れる名刺用の印刷用紙を選んでください。

ネットでも手軽な価格でつくれます。名刺を発注するサイトでテンプレートを選んで、名前と連絡先を入れるだけで、本格的な名刺をつくれます。１００枚を送料込み1，０００円以下でつくれますので、自宅で印刷するよりも安上がりで綺麗なのでおすすめです。

名前と連絡先用のメールアドレスだけでもよいですが、何をしたいと思っているかを一言書いておくと印象が違います。

なお、気になる方は、連絡先用に新しくメールアドレスを用意したほうが安全だと思います。住所や電話番号なども、個人情報なのでで表記しなくてもいいと思います。

個人名刺を持つだけで違う

個人名刺を差し出すだけで印象が違います。覚えてもらえる可能性が断然違います。そして、何よりも自分自身の気持ちが整ってきます。

最初は、恥ずかしいものです。会社の看板があるときの名刺交換とは、まるで気分が違います。違和感があるかもしれません。個人の名刺をお渡しして、自分自身のことを簡潔にお伝えする、その経験を通して磨かれるものがあります。

気づくことも出てきます。自分の心の中で動くものを発見することがあります。ぜひ、「まだ、探す旅に出たばかりです」から始めてみてください。

4　自分を発信し続ける

合わせてブログがあるとよい

今までの自分と違う時間の使い方を始め、外に出るときに、個人名刺とともにブログがあるとさらによいです。同時には無理という方は、名刺を先行してください。

ブログがあれば、名刺をお渡しした方が関心を持ったときには、あなたに連絡する前にブログを見て確認することができます。ドアを開けてくれる人と出会う可能性を高めるために、用意しておきましょう。名刺に、ブログのＵＲＬを記載しておけば、読んでもらえるかもしれませんね。

知ってもらうことが大切です。いきなりホームページというよりは、体を慣らすためにもブログがやりやすいと思います。

知ってもらうことと自分を整理すること

ブログを書き始めたからといって、アクセス数を気にしないでください。まず大切にしたいのは、実際にお会いした人が、よりあなたを知ってもらうためのものであることと、自分の考えを整理することです。

たとえ誰も読んでくれないとしても、気にすることはありません。書き続けることで、自分の考えを整理することと、表現する力がついてきます。まずは書くことを習慣化してください。書き進めながら、ブログの書き方などをネットや本で調べて発信力をつけていくとよいと思います。

そのうちに、アクセス数が上がってきます。

知人からの反応をもらえると、嬉しいしフィードバックになります。

5　何かを発見するために

意識を高める

何かを発見するためには、意識を高めることでした。意識することで、見えるものが変化するからです。さあ、やるぞ。まずは自分の考えを整理することだったり、まずは人と会うことなど、人によって動き方が違うと思います。

意識を高めるためには、ノートを1冊用意することが効果的です。これからの自分の道を見つけるためのものという実感が湧きます。気づいたこと、発見したこと、やらなければならないこと、などをどんどん書いていきましょう。

そのための自分の時間のつくり方は、朝の5分のスケジュール帳を確認することでした。スケジュール帳で自分の時間を確保し、ノートで考えを整理していく、そして外に出るための名刺を持つ。3点セットです。

ブログを始めたら、かなり意識が高まっている証拠です。

見える風景が変わり発見する

私もそうでしたが、いつもと違う時間の使い方を始めると、意識が変わり、見える風景が変わってきます。ぜひ、見える世界を広げてから、これからの道を考えましょう。

6　さあ、旅に出ましょう

自分発見の旅に出る

ノートを持ち、自分の時間をつくり、そして個人名刺をつくってみましょう。

自分発見の旅の始まりです。

どこへ出かけましょうか。書店や図書館へ行って、ざっと眺めることから始めるのもいいですね。

1人の時間を確保して、ノートに向き合う、そのための場所へ出かけるのもいいです。少し離れたところへ行ってみるのも気分が変わっていいですね。海が見えるカフェ、山の麓の静かなカフェ、出かける時間が楽しみになるようにするのがコツです。

好きだったことを始めてみる

仕事に忙しくて遠ざかっていたことを始めてみることも、発見につながります。気になっているところへ旅行に行ってみるのも、自分の時間をつくる気持ちを高めるためにもよいことです。自分の時間を持つことで、感じることが出てきます。

参加してみる

本書で紹介した人のイベントに参加してみるのも1つの方法です。

大村さんや文谷さんは、個人参加のイベントを開催しています。

ホームページづくりに興味があれば、藤井さんは横浜で Jimdo Cafe を開催しています。

参加者の輪を大切に、歴史の見どころを散策し、美味しいものを食べる藤井さんのぶらっと東京食べ歩きに参加してみるのもよい経験になると思います。

地方移住に関心があるならば小林さんのホームページを見てみる、創作に関心があるならば岩村さんのホームページを見てみるなど、参考になると思います。

自分発見の旅へのきっかけになれば幸いです。

私もコラムを発信しています

私もホームページ以外に、マイベストプロというサイトでコラムを発信しています。本書と併わせてお読みいただければ幸いです。
・「マイベストプロ　個コラボ」で検索ください。
また、週に1回、メールマガジンもお届けしています。これは2013年の6月に創業以来続けています。自分らしい生き方をするための指針となる自分軸を発見することにお役に立ちそうなことを書き続けています。
・「自分軸発見マガジン」で検索ください。

7　ワーク：個人名刺をつくる

さあ、早速、個人名刺第1版をつくりましょう。
記入するのは、次の3つだけです。
・リード：1行（肩書風でも、キャッチコピーでも）
・名前（読み方が難しい場合は、ふりがなを）
・連絡先（専用のメールアドレスにすると気持ちも改まります）。
さらに、可能なら顔写真（確実に印象に残ります。または、似顔絵イラスト）。

最初は片面でもよいですが、裏面に単色で思いを書くと話がはずみます。100枚つくれば、100名の人と会う目標ができます。名刺をつくって、さあ出かけましょう。

8　ワークシートのダウンロード

本書の各章の最後に簡単なワークをご用意しましたが、本書に直接ご記入いただくのも、1冊のノートをご用意してご記入いただくのもよいと思います。ワークシート風にしたファイルをダウンロードいただけるようにご用意しました（ワード形式とPDF形式）。
また、第3章5項のファイナンシャルプラン用のファイル（エクセル形式）もダウンロードいただけます。

それ以外に、名刺作成用の参考ページなども記載しましたので、ご活用いただければ幸いです。
そして、事例としてインタビューさせていただいた6名の方々のホームページへのリンクも掲載しています。事例としてより知っていただくために便利かと思います。

本書の中で繰り返してお伝えしましたが、ちょっと行動に移すことはとても大切です。本を読んだだけで止めずに、動きが流れとなるように、調べて、そして行動しながら考えてみてください。ホームページを見る。気になったことを、さらにネットで調べてみる。本を手に入れて、さらに理解を深める。そして、外に出てみましょう。

・「個コラボ　出版」でご検索ください。
https://www.ko-collabo.com/books/

おわりに

時代は、いつも変化していくものです。そうでなくとも、年齢は確実に重なり、環境の変化と人生のライフ・ステージはそれに伴って変化していきます。

新しい状況をどう捉え、自分らしい道を見つけていくか、様々だからこそ自分で探していくことがより大切になっていると感じます。

経験豊富な50代だからこそ、その経験を社会の中で活かし、何よりも自分自身がワクワクとすることに向き合えたら素晴らしいと思います。

「恐れることはありません」と、無責任なことを言うつもりはありませんが、踏み出す勇気こそが何よりも大切なことだと思います。

踏み出すには勇気が必要ですが、小さな1歩であれば、そんなに大げさなことではありません。単に今までの世界から出ることが心配になるだけのことです。私の場合は、退社してしまいましたが、その前にしておいたほうがよいことがたくさんあることに気づきました。そして、それらは今の世界の中でできることがたくさんあります。

気持ちを新たにして、自分の時間の使い方を工夫するところから始めてみましょう。行動することで、新しい世界が見えてきます。

私自身、会社員時代には見えることのなかった世界が、様々な人達とのご縁で広がる面白さを感じていますし、本書でご紹介した6名の方々を通しても、そのように感じます。

思い返せば、50代半ばで会社を離れて7年になりました。設立した会社名は、自立した個と、ゆるやかなコラボレーションを広げる意味で「個コラボ」としました。その思いは変わりません。

とはいえ、私の個人的な経験をベースにしていますので、ご自分の考え方に合わせて、活用できるところを1つでも使っていただければ幸いです。

最後になりますが、出版の機会をいただきましたイー・プランニング代表の須賀征晶様、出版関係の皆様、そしてインタビューとその掲載をご快諾いただいた6名の方々に感謝して、御礼申し上げます。

芳賀　哲

著者略歴

芳賀　哲（はが　てつ）

1957年、福島県生まれ。株式会社 個 コラボ代表取締役。

1981年 ソニー株式会社へ入社。半導体の商品開発エンジニアとして、アナログからデジタルへの変化の中で仕事をする。国内市場から海外赴任までを経験し、市場変化の中で新規事業の立ち上げから事業の縮小までを担う。時代が「モノを所有する」から、次の価値観への変化を感じ、大企業から対極のひとり起業へのチャレンジを決意。

2013年に退社し、個の自立とチーム育成に焦点を当てた会社・株式会社 個コラボを設立。

経産省の後援で始まった独立・経営支援サービス「ドリームゲート」の認定アドバイザーを2年間務める。自身の起業への想いから、起業を考える会社勤めの方を中心に認定アドバイザーとしてセミナーなどで多数の相談と向き合う。また、事業のステージアップを目指す経営者を社外経営顧問として支援する。

現在は、高齢化・人口減少という大きな環境変化の中で、企業のマネジメント変革への支援として研修を開催している。

働く環境と価値観の変化、顧客ニーズの変化の中で、現場マネジメントを知る経験を活かして、自律して成長する組織と個人のために「意識を変える」ことを中心に支援している。


これからの生き方から働き方を見つける５つのステップ

2020年4月10日 初版発行

著　者　芳賀　哲　© Tetsu Haga

発行人　森　忠順

発行所　株式会社 セルバ出版
〒113-0034
東京都文京区湯島1丁目12番6号 高関ビル5B
☎ 03（5812）1178　FAX 03（5812）1188
http://www.seluba.co.jp/

発　売　株式会社 創英社／三省堂書店
〒101-0051
東京都千代田区神田神保町1丁目1番地
☎ 03（3291）2295　FAX 03（3292）7687

印刷・製本　モリモト印刷株式会社

Printed in JAPAN
ISBN978-4-86367-571-1